Copywriting Persuasivo

Manuale di SEO Copywriting, E-mail Marketing e Social Media Copywriting Impara a Scrivere Contenuti Web che Vendono

CARLO TAMMARO

<u>Sommario</u>

Introduzione

Prima di tutto complimenti! Stai per scoprire la definizione e lo scopo del copywriting nel marketing e negli affari. Cosa fa un copywriter e di quali competenze ha bisogno? Continua a leggere per scoprirlo…

Dato che hai acquistato questo libro, ovviamente vuoi conoscere lo strano e meraviglioso mondo dello scrivere parole a scopo di lucro.

Se il modo migliore per comunicare con i potenziali clienti fosse attraverso il linguaggio dei segni, dovremmo tutti imparare a firmare. O se il miglior metodo di comunicazione si rivelasse essere una sorta di codice mutuamente comprensibile, dovremmo tutti imparare quel codice per poter dire qualcosa. Per fortuna, il nostro processo di comunicazione è molto più semplice...o no?

Un venditore ha il vantaggio di incontrare il suo potenziale cliente faccia a faccia e sarà in grado di valutare la sua presentazione in base ai segnali di risposta visibili mostrati dal suo potenziale cliente. Un venditore esperto saprà istintivamente dalle espressioni facciali e dal linguaggio del corpo del suo potenziale cliente se sta premendo i pulsanti giusti. Questo di solito è indicato dalla testa del potenziale cliente che annuisce su e giù combinata contemporaneamente con un sorriso raggiante e un apprezzamento a occhi spalancati.

Una persona che fa televendite ha molto meno su cui lavorare. Possono solo giudicare la risposta alla loro presentazione di vendita attraverso le risposte del potenziale cliente alle domande e il tono effettivo della loro voce. La maggior parte delle persone che vendono televendite trova il proprio lavoro più facile quando cercano di immaginare lo sguardo sui volti dei potenziali clienti mentre parlano con loro. Ma il fattore decisivo dipenderà quasi sempre dal tono di voce utilizzato da entrambe le parti.

Internet e Direct Mail Marketer non hanno tali vantaggi rispetto alle loro prospettive. Non possono vederli e non possono sentirli. La loro unica arma nel loro arsenale di proposte di vendita è la loro parola scritta.

Il modo in cui comunichiamo attraverso le nostre parole scritte detiene la chiave assoluta per una vendita di successo online e offline. Che si tratti di una lettera di vendita, un'e-mail o un annuncio, le parole scritte devono trasmettere in modo convincente il messaggio di vendita direttamente nella mente del potenziale cliente. Ma prima, devi convincere i tuoi potenziali clienti a leggere effettivamente il tuo messaggio, e di solito questo primo ostacolo causerà molte, molte vittime.

Convincere qualcuno a leggere il tuo testo di vendita dipenderà quasi sicuramente dal tuo titolo. Il tuo titolo è la tua introduzione. Il tuo "ciao", il tuo "ehi tu" e il tuo "ascolta". Se il titolo non attira l'attenzione del potenziale cliente entro due secondi, è un arrivederci e un addio.

Altri aspetti importanti di un messaggio di vendita "killer" sono i sottotitoli. I sottotitoli sono generalmente utilizzati per mantenere l'interesse per tutta la copia. Ma sono inclusi anche a beneficio dei potenziali clienti che prima scansionano il tuo messaggio prima di decidere di leggerlo per intero. In una certa misura, sono importanti quasi quanto il titolo stesso.

Poi c'è la copia del corpo. È qui che i tuoi talenti e le tue abilità di copywriting dovrebbero davvero risplendere. Qui hai l'opportunità di usare qualsiasi parola in lingua inglese per descrivere e spiegare in dettaglio i vantaggi e le caratteristiche del tuo prodotto o servizio offerto. E la lingua inglese è positivamente ricca di aggettivi, quindi non ci possono essere scuse.

Ma il vero segreto per creare testi accattivanti è usare parole "sensate". Cioè parole che risvegliano i sensi. Toccare, vedere, annusare, gustare e ascoltare è ciò che istintivamente facciamo ogni giorno. Rappresentano i nostri meccanismi di sopravvivenza umana e per la maggior parte ci fidiamo di loro. Altri mammiferi si affidano totalmente a loro.

Quando usi parole sensate insieme a parole trigger alimentate emotivamente, puoi suscitare tutti i tipi di risposte, che possono essere attentamente incanalate nel cuore del tuo messaggio per il massimo impatto. Sfruttare le parole a scopo di lucro in questo modo è un'abilità ed è un'abilità che ogni marketer online e offline deve comprendere appieno.

Imparare a scrivere copie di vendita eccezionali ed emozionanti non è un requisito essenziale per il successo aziendale, ma riconoscerne l'efficacia lo è. Mai sottovalutare il potere segreto delle parole.

Se sei un bravo scrittore, dovresti essere in grado di imparare a scrivere. La chiave dietro il copywriting è che devi capire che stai scrivendo in uno stile diverso e per un pubblico diverso. Questa è la chiave quando impari il copywriting. Devi imparare a comunicare con il pubblico in un modo che lo persuada ad acquistare il prodotto o il servizio di cui stai scrivendo.

Al giorno d'oggi, le persone sono sommerse dal numero di annunci pubblicitari che vedono ogni giorno e scartano rapidamente qualsiasi annuncio che non si adatta immediatamente alla loro prospettiva.

Come rapida introduzione ad alcuni dei punti importanti sull'apprendimento del copywriting, la prima chiave è prestare attenzione al titolo. Il titolo viene letto più spesso del copy a una velocità esponenziale. Se non riesci a catturare l'attenzione di qualcuno con il titolo, hai sprecato il resto del tuo testo di vendita. Una lettera di vendita ha essenzialmente solo circa cinque secondi in cui puoi attirare l'attenzione di una persona e il titolo è uno dei fattori più importanti per essere in grado di attirare quell'attenzione. Questo è solo un esempio di copywriting e cosa devi cercare.

Questo libro ti darà tutto (e intendo TUTTO) ciò che devi sapere (dalle basi all'avanzato) - dalla sua definizione e significato al suo scopo nel marketing - in modo che tu possa vedere da solo se è adatto o meno.

Probabilmente hai già sentito parlare dei numerosi vantaggi di diventare un copywriter professionista, come ad esempio:

I.   Lavorare per te stesso alle tue condizioni

II.   Lavorare con clienti straordinari e aiutarli con i loro obiettivi di business

III. Lavorare su una moltitudine di progetti divertenti (a volte contemporaneamente!)

IV.   Opportunità per un potenziale di guadagno serio

E molti, molti altri ...

Considera che questo libro è inteso come la tua guida ufficiale al copywriting sia per apprendere il copywriting e cosa fanno i copywriter, sia come diventarlo alla fine se decidi che è giusto per te.

E poiché il copywriting è un argomento così ampio, l'ho suddiviso in singoli pezzi che puoi divorare uno alla volta e al tuo ritmo.

Quindi prendi una sedia, mettiti comodo, e diamoci da fare ad approfondire il meraviglioso mondo del copywriting.

Capitolo 1: Cos'è il copywriting

Se lavori nel marketing online o metti piede nel settore, probabilmente hai sentito il termine "copywriting".

È ovunque adesso. Copywriting questo, copywriting quello. Non c'è modo di evitarlo.

Per quanto popolare sia il termine, tuttavia, molte persone non conoscono ancora la risposta alla domanda "che cos'è il copywriting?"

Quando estranei incontrano qualcuno che si presenta come copywriter, spesso annuiscono con entusiasmo e poi dicono senza un accenno di comprensione, "e cosa significa?"

Oppure pensano che significhi che tu abbia copyright di canzoni legali a pagamento. Alcune persone evocano ancora immagini di giornalisti su una macchina da scrivere o un reporter, mentre altri pensano a specialisti in tecnologia. Sfortunatamente, nessuno di questi ha colpito nel segno.

Allora, cos'è il copywriting? E perché è così importante oggi?

Il copywriting è l'arte e la scienza della creazione strategica e della pubblicazione online di parole mirate e incentrate sul lettore ("copy") che inducono le persone a intraprendere qualche forma di azione. Il "copywriting" è una cosa difficile da definire. Ovviamente, o tutti lo capirebbero subito!

Fortunatamente, non deve essere così oscuro per sempre.

I marchi che lavorano con i copywriter assumono questi professionisti qualificati per creare di tutto, dal blog e dalla scrittura di articoli ai contenuti dei social media e alle descrizioni dei prodotti, a seconda di ciò di cui hanno bisogno in un dato momento. In questo momento, il campo del copywriting sta esplodendo poiché sempre più marchi migrano verso l'e-commerce e lo sviluppo di una presenza online. Poiché avere un sito Web crea anche un bisogno immediato e urgente di contenuti di qualità, i marchi in tutto il paese e nel mondo stanno assumendo copywriter professionisti a tassi scioccanti.

Perché il copywriting è importante?

Ora che abbiamo risposto alla domanda "cos'è il copywriting?", concentriamoci sul motivo per cui le aziende si stanno riversando su di esso a frotte.

In questo momento, più di 27 milioni di contenuti vengono condivisi sul Web ogni singolo giorno.

È un numero elevato ed è chiaro che è difficile distinguersi quando sono presenti così tanti contenuti in ogni momento. Per questo motivo, i marchi si rivolgono sempre più a professionisti per aiutarli a posizionarsi bene su Google, attirare più clienti e sviluppare una voce del brand più forte e unica. Fondamentalmente, il copywriting è una forma di marketing in entrata. Invece di uscire e perseguire i lettori (anche se non è raro che i copywriter scrivano pubblicità PPC e simili contenuti in uscita), il copywriting si concentra generalmente sulla creazione di cose come blog, articoli e infografiche, che sono progettati per attirare i lettori e fornire informazioni pertinenti e contenuto prezioso.

Oggi, il 61% degli utenti di Internet in tutto il mondo si rivolge ai motori di ricerca per cercare i prodotti che desidera acquistare, prima di fare il salto finanziario e prendere una decisione di acquisto. Gli utenti di Internet attualmente conducono più di 12 miliardi di ricerche ogni mese, nonostante ciò, la percentuale di clic degli annunci a pagamento è solo del 2% circa.

Con questo in mente, è facile capire perché i marchi si sono rivolti al copywriting. Oltre a popolare un sito con contenuti di qualità, gli sforzi di copywriting sono anche più efficaci dei metodi di pubblicità in uscita. Creando contenuti unici, pertinenti e di alta qualità su una pagina web, un blog o un account di social media, un'azienda con un copywriter interno può facilmente creare un pubblico e sviluppare una solida reputazione in modo rapido e semplice.

Storia del copywriting

Si ritiene che il copywriting risalga alla fine del 1470 durante il periodo babilonese. Nel 1477 fu creato il primo materiale stampato per promuovere la vendita di un libro di preghiere. Durante questo periodo, i copywriter hanno creato annunci su carte di grandi dimensioni utilizzando piume immerse nell'inchiostro. È stato un esercizio scrupoloso poiché non esistevano processi di stampa per duplicare le copie originali e ogni poster doveva essere scritto a mano uno per uno.

Anni dopo, le dimensioni dei materiali stampati furono ridotte per rendere più veloce il processo di scrittura. Fu allora che nacquero brochure e opuscoli. All'inizio del 1600 furono sviluppati processi di stampa di massa, che videro i giornali stampati e venduti nelle strade. Circa 60 anni dopo, fu stampato il primo giornale inglese, chiamato Oxford Gazette. Si trattava di un giornale di grande formato che dava spazio alla pubblicazione di numerosi annunci sulle sue pagine. Questo sviluppo è stato un grande passo avanti per i copywriter in quanto ora potevano raggiungere molte persone in un breve periodo e senza troppi sforzi.

Il padre del copywriting

Il copywriting freelance non è mai esistito in passato, non fino a quando John Emory Powers (1837-1919) non è venuto alla ribalta come il primo copywriter indipendente. Ha lavorato per i grandi magazzini Lord & Taylor e Wanamaker invece che per un giornale come era consuetudine. Comprendendo l'importanza di creare annunci per i loro prodotti, questi negozi hanno contattato Emory che poteva quindi fornire sei annunci ogni settimana da pubblicare sui giornali. Attraverso i suoi annunci, i negozi potevano vendere le loro scorte nel giro di poche ore, raddoppiando di conseguenza i loro ricavi annuali. Le sue pubblicità controverse ma creative alla fine gli valsero il titolo di "il padre della moderna pubblicità creativa".

Dopo la morte di Emory, arrivarono altri influenti copywriter come Robert Collier, i cui sforzi furono utili a rivoluzionare maggiormente il campo del copywriting. Intorno agli anni '30, infatti, Collier introdusse nei suoi testi l'aspetto della connessione emotiva e le tecniche psicologiche per raggiungere i clienti.

Evoluzione del marketing digitale

Con il progresso della tecnologia, il copywriting ha subito cambiamenti significativi e i copywriter hanno dovuto adattarsi al panorama digitale in continua evoluzione. Internet ha svolto un ruolo importante nella creazione di un ruolo diverso per i copywriter poiché cambiò il modo di comunicare con i clienti rispetto a prima. L'evoluzione di SEO, eCommerce, blog e social networking, tra gli altri, ha visto i copywriter fare di più che scrivere testi per annunci sui giornali. Il content marketing, che era un'opzione nei secoli passati, è ora una necessità nel marketing ed è utilizzato da oltre il 90% delle aziende a livello globale.

Nonostante Internet abbia cambiato il mezzo e la durata del copywriting, ci sono ancora alcuni aspetti che non sono cambiati.

I moderni copywriter hanno mantenuto alcuni tratti distintivi dei loro predecessori. Tali tratti includono la capacità di raccontare storie accattivanti e vendibili, l'unicità, l'utilizzo della persuasione emotiva e la capacità di individuare con precisione il proprio pubblico. La tecnologia ha visto lo spostamento dell'attenzione di un copywriter dalla stampa a Internet negli ultimi dieci anni. Ciò, tuttavia, non ha cambiato il fatto che il copywriting è il modo migliore per promuovere marchi, prodotti e servizi, aziende e organizzazioni. Ha dimostrato di essere l'unica strategia di marketing responsabile di grandi ritorni nel corso degli anni. Il numero crescente di aziende sta creando maggiori opportunità per i copywriter indipendenti che cercano di aumentare il proprio reddito.

I moderni copywriter potrebbero pensare che il copywriting sia un settore giovane che è ancora in crescita, ma la verità è che esiste da centinaia di anni. Le piattaforme, così come altre usanze tradizionali, sono cambiate, ma il settore rimane finché esistono le imprese.

Cosa fanno i copywriter?

Ora che sai chi è il copywriter diamo un'occhiata ad alcuni dei tipi effettivi di lavori di copywriting che puoi creare con le tue nuove conoscenze, che troverai in questo libro.

Analizzeremo ciascuno di essi individualmente in modo da avere una buona idea di come ognuno di essi può essere applicato.

Lettere di vendita: si tratta spesso di testi di formato più lungo utilizzate per vendere singoli prodotti. Come regola generale, più costoso è l'articolo, più lungo deve essere il tuo copy per giustificare il prezzo. Ciò significa più testimonianze di credibilità, più studi e dati che dimostrano la sua efficacia, più elaborazione dei benefici e più giustificazione del prezzo in modo che il lettore sappia che sta ottenendo valore per i suoi soldi. Le lettere di vendita sono anche uno dei lavori più remunerativi per i copywriter professionisti.

Campagne e-mail: si tratta di "set" di e-mail progettati specificamente per rivolgersi ai clienti in ciascuna area di una canalizzazione di vendita online. Sono in genere più brevi, spesso con paragrafi di una sola frase e possono spesso utilizzare il nome del destinatario nell'introduzione. I tipi di campagne email includono: campagne di benvenuto, campagne di lancio, campagne di abbandono del carrello, campagne di lancio e molti altri. Come le lettere di vendita, anche le campagne e-mail sono uno dei lavori più remunerativi per i copywriter.

White paper: documenti che stabiliscono la tua autorità in un determinato settore o nicchia. Sono tipicamente utilizzati nei settori B2B per valutare prodotti o servizi. Se vuoi affermarti come una voce autorevole su un argomento particolare, i libri bianchi sono un modo eccellente per farlo.

Contenuto del sito Web: potrebbe includere la scrittura di post di blog, descrizioni di prodotti, sezioni Chi siamo o tutta una serie di altre opzioni. Tipicamente mirati più per informare che per vendere direttamente, questo tipo di contenuto è scritto più per fornire informazioni e presentare un brand. Poiché questo tipo di copy spesso non è scritto per vendere direttamente, di solito non paga come le lettere di vendita o le campagne e-mail.

Script video: a differenza delle forme di testo sopra, questo tipo verrà ascoltato invece di essere letto. Questi script sono scritti in un formato compatibile con i video e quindi di solito associati a un video di animazione sulla lavagna o a un ambasciatore del marchio che legge lo script in un video online.

Contenuti dei social media: potrebbero includere post di Facebook o LinkedIn, tweet, foto e testo di Instagram e molti altri. Poiché questo contenuto verrà visualizzato sui siti di social media, l'approccio è in genere leggermente diverso poiché le persone potrebbero non essere necessariamente in "modalità di acquisto" quando li visualizzano.

Risposta diretta: ciò potrebbe includere la scrittura di copioni commerciali televisivi, annunci radiofonici, cartelloni pubblicitari, opuscoli stampati e molti altri. Si tratta di un tipo più "tradizionale" di copywriting ed è generalmente considerato tutto ciò che viene creato per la visualizzazione offline.

Questo è ciò che fanno i copywriter.

I tipi di prodotti di copywriting che decidi di scrivere dipenderanno in gran parte dalle tue preferenze personali e da quanto vuoi guadagnare.

Ciascuno dei prodotti di copywriting di cui sopra richiede diversi impegni di tempo e set di abilità leggermente diversi, quindi è meglio provarne diversi e vedere quali sono i più adatti a te.

<u>*Quali sono i diversi tipi di lavori di copywriting?*</u>

La maggior parte dei lavori di copywriting si divide in tre categorie distinte: agenzia, azienda e freelance. Ognuno ha pro e contro, quindi esamineremo ciascuno di essi di seguito in modo che tu possa decidere quale è la soluzione migliore per te.

Agenzia

I copywriter che lavorano per un'agenzia hanno il <u>vantaggio</u> di lavorare con molti diversi tipi di clienti e testare molti strumenti e abilità di copywriting. Inoltre, non devi mai preoccuparti di trovare nuovi clienti poiché l'agenzia farà la maggior parte di questo per te.

Lo <u>svantaggio</u>, ovviamente, è che il tuo reddito e la tua libertà sono entrambi limitati.

Vuoi conservare più di quello che porti?

Vuoi lavorare da una spiaggia in Thailandia?

Buona fortuna a te…

I lavori di copywriting dell'agenzia sono sicuramente "lavori" nel senso tradizionale, il che significa che dovrai scambiare tempo per denaro man mano che apprendi queste abilità e acquisisci esperienza. D'altra parte, se sei completamente nuovo nel copywriting e vuoi abbreviare rapidamente la tua curva di apprendimento ed essere pagato nel processo, lavorare per un'agenzia potrebbe essere un buon punto di partenza.

Corporate

Questi copywriter lavorano per un'azienda specifica e creano testi solo per quella società. Nessun client esterno o copy consentito. Il <u>vantaggio</u> è che non devi mai andare alla ricerca di nuovi clienti. Lo <u>svantaggio</u> è che le tue entrate sono limitate e non hai alcun controllo su chi lavori o cosa crei.

E come i lavori di copywriting per agenzie, questi sono sicuramente "lavori", quindi pianifica di dover negoziare per le tue vacanze di due settimane in Thailandia se è quello che stai cercando.

Questo mi sembra il peggiore di tutti i mondi, ma potresti scoprire che si adatta molto bene alle tue esigenze (e potrebbe essere un ottimo modo per sviluppare le tue capacità di copywriting iniziali se hai effettivamente un genuino interesse per il business).

Libero professionista

È qui che la maggior parte delle persone vorrebbe essere (e dove avviene la magia). Tutte le grandi cose che senti sullo stile di vita di copywriter ben pagati esistono qui, in quest'arena. Ad essere brutalmente onesto, lavorare per qualcun altro come copywriter (o in qualsiasi professione con poche rare eccezioni) non ti darà mai i soldi o la libertà che desideri. Sì, il tempo per stabilirsi e creare una base di clienti è più lungo. Sì, stai correndo un rischio e rinunciando alla sicurezza di uno stipendio fisso (ma sempre inferiore). Ma ... come risultato stai guadagnando il mondo.

Di quali competenze hai bisogno per essere un copywriter (ben pagato)?

Ora che stiamo scavando più a fondo nella vita di un copywriter emergente, diamo un'occhiata alle competenze specifiche di cui avrai bisogno per diventare uno ben pagato.

Li smantelleremo ed esamineremo uno alla volta:

Scrittura

Ovviamente una conoscenza e una comprensione di base della grammatica e della punteggiatura è un must. Ma non solo ... sto parlando di una buona scrittura.

Cosa considero una buona scrittura? Scrittura che mantiene l'attenzione del lettore e lo lascia quasi con la voglia di leggere la frase successiva.

La buona scrittura non è riservata solo ai bestseller del New York Times. Chiunque possa fare uno sforzo sincero per entrare in contatto con un lettore attraverso le sue parole è capace di scrivere bene, se non eccezionale.

Uno dei modi per farlo è diventare prima un buon lettore, poiché uno tende a seguire l'altro. Tendo a divorare i libri, che è probabilmente uno dei motivi per cui la scrittura mi ha sempre affascinato. E una volta che ho imparato a scrivere sul copywriting, ho iniziato a divorare anche dei buoni copy. Ma non mi sono esercitato solo a leggerlo, mi sono esercitato anche a scriverlo .

Una tecnica che troverai raccomandata da quasi tutti i copywriter di marketing di successo è quella di esercitarti a scrivere testi comprovati e di successo ogni giorno. E non solo sul tuo computer... A MANO.

Se vuoi imparare il copywriting velocemente, questo è il modo più veloce... a mani basse (nessun gioco di parole). Sì, c'è qualcosa nel mettere una penna su carta che ti fa pensare a ogni parola solo un po' più a lungo.

Inizierai a notare schemi ricorrenti mano a mano che lo fai. E, cosa più importante, vedrai come ci si sente a scrivere testi comprovati ed efficaci con le tue mani. È la migliore istruzione gratuita che il denaro possa acquistare.

Comprensione della psicologia di base e del processo decisionale

Come abbiamo detto, il copywriting è scrivere con l'intento di vendere.

È importante che tu abbia almeno una conoscenza di base di come le persone vengono influenzate e prendono decisioni. E che ci credi o no, c'è una scienza in questo.

Dovresti anche capire il ruolo che le emozioni giocano nel processo di acquisto. C'è un detto nelle vendite che dice "le persone comprano con le emozioni, poi si giustificano con la logica". Una volta compresa questa affermazione, il copywriting diventerà molto più facile per te. Se provi a scrivere solo da una posizione di pura logica e fatti, non entrerai in contatto con le persone a livello emotivo e il tuo testo sarà piatto. Ma se scrivi a persone ponendoti nella posizione di affrontare le loro preoccupazioni, paure, frustrazioni, obiettivi e desideri, sentiranno immediatamente che li "capisci" e vorranno sentire quello che hai da dire.

E una volta che hai questo, hai un potenziale acquirente... e il gioco è tuo. Comprendi questo e comprendi il copywriting.

Networking e competenze delle persone

Sebbene il copywriting sia spesso un'abilità solitaria, incontrare e lavorare con i clienti richiede l'interazione. E poiché i copywriter di marketing tendono ad essere introversi, questo a volte richiede l'esigenza di uscire dalle nostre zone di comfort.

Per dirla senza mezzi termini, se non hai un senso di base delle abilità sociali, questa è la prima cosa che devi affrontare prima di intraprendere il tuo viaggio di copywriting. Perché ammettiamolo, se ti senti inquietante o inaffidabile, scoraggerai le persone e perderai opportunità di costruire relazioni.

Persistenza

Come con qualsiasi cosa che valga la pena fare, a volte fallirai nella tua carriera di copywriting professionale. I potenziali clienti non rispondono alle telefonate. I clienti decideranno di assumere qualcun altro. I clienti non apprezzeranno il tuo lavoro e ti costringeranno a rifarlo completamente. I clienti avranno richieste eclatanti che nessuno potrebbe soddisfare. I clienti ti licenzieranno. Può succedere. Succederà.

Quindi aspettalo e vedilo come un'esperienza di apprendimento. Non incolpare il cliente. Se hai fatto qualcosa di sbagliato, aggiustalo. Se ti fanno richieste irragionevoli e/o ti trattano in malo modo, fai del tuo meglio e vai avanti. Devi avere perseveranza. Questo è un ottimo modo per guadagnarsi da vivere, e se fosse facile tutti lo farebbero. Quindi, quando arrivano gli aspetti negativi, invece di arrabbiarti, scegli di essere sia un copywriter migliore che una persona migliore per questo.

Statistiche di copywriting che devi conoscere

Ormai sai che il copywriting è importante, ma sai quanto sia importante? Queste statistiche dimostrano quanto sia rilevante il copywriting per i marchi. Questi possono aiutarti a capire la grande spinta per i copywriter che è nata negli ultimi anni.

1. I primi 3 risultati in Google guadagnano il 60% di tutti i clic organici

I primi posti nelle SERP di Google sono ambiti. Il posizionamento qui garantisce visibilità per un marchio e può aumentare in modo significativo il numero di lead e la quantità di traffico che un marchio riceve in un determinato mese. Sfortunatamente, molti marchi non capiscono come arrivare qui.

Fortunatamente, il copywriting professionale può aiutare. Attraverso la creazione di contenuti di alta qualità, l'ottimizzazione SEO, argomenti unici e una strategia di contenuto a prova di proiettile, un copywriter professionista può sviluppare un piano per posizionarsi bene per un dato insieme di parole chiave o argomenti, un'abilità di cui molte aziende hanno bisogno per far crescere i propri follower.

2. Il 50% di tutte le ricerche da dispositivo mobile sono locali

Per i marchi con una presenza locale, il copywriting può essere una questione di vita o di morte. Sebbene la maggior parte degli utenti di dispositivi mobili sia alla ricerca di marchi locali, la maggior parte dei marchi locali non sa come raggiungere gli utenti di dispositivi mobili. Ciò, a sua volta, si traduce in un'esperienza confusa e stressante per gli utenti che effettuano ricerche da dispositivi mobili e in una perdita di entrate per le aziende locali.

<u>Affidati ad un copywriter professionista.</u>

I copywriter professionisti sono esperti nella SEO locale e possono aiutare le aziende ad apportare i cambiamenti di cui hanno bisogno per garantire che i loro contenuti si posizionino bene e soddisfino le esigenze dei ricercatori locali.

Questo, a sua volta, può comportare un aumento del traffico per l'attività locale e un'esperienza di ricerca più soddisfacente per gli utenti di dispositivi mobili.

3. I lead ottenuti dal SEO hanno un tasso di chiusura del 14,6%

I lead che arrivano a un'azienda tramite SEO si chiudono a un tasso molto più elevato di quelli ottenuti tramite metodi in uscita come il direct mail. Questo è uno dei principali incentivi per le aziende ad assumere copywriter. Oltre al fatto che gli sforzi di copywriting sono molto più convenienti dei metodi di pubblicità in uscita, sono anche più efficaci e si traducono in una maggiore redditività per l'azienda in questione.

4. I professionisti del marketing che danno la priorità al blogging hanno una probabilità 13 volte maggiore di guadagnare un ROI positivo rispetto ai non blogger

Il blogging è un modo fantastico per raggiungere e connettersi con potenziali clienti, ed è spesso tutto ciò di cui un'azienda ha bisogno per rivoluzionare la sua strategia di contenuto. Sfortunatamente, molte aziende sono troppo occupate o semplicemente non hanno le capacità per creare contenuti per blog internamente. Questo è il motivo per cui le capacità di copywriter professionisti sono così necessarie. Sviluppando e popolando un blog con contenuti affidabili e di alta qualità, un buon copywriter può aiutare un'azienda a rafforzare la voce del proprio marchio e fornire valore aggiuntivo ai clienti.

5. Quando i marketer scrivevano quotidianamente sul blog, l'82% di loro guadagnava nuovi clienti

Bloggare quotidianamente è una strategia aziendale intelligente, ma è anche difficile stare al passo. Lasciate a se stesse, molte aziende restano indietro rispetto al programma di blogging e non riescono a fornire contenuti reali e affidabili ai propri lettori. Assumendo un professionista del copywriting, un'azienda ha maggiori possibilità di tenere il passo con i suoi obiettivi di blogging e godere dei ritorni positivi derivanti dalle offerte.

Quali sono i diversi tipi di copywriting? E cosa fa un copywriter?

Se non sei sicuro di cosa fa un copywriter, iniziamo con una rapida panoramica dei diversi tipi di copywriting professionale, alcuni dei quali probabilmente conosci.

Risposta diretta - Cos'è il copywriting a risposta diretta? Se hai mai ricevuto volantini o opuscoli nella tua casella di posta, hai visto il copywriting a risposta diretta in azione. Lo scopo del copywriting a risposta diretta è di solito quello di aumentare i clienti per le imprese locali. Questo tipo di copywriting può anche essere molto più costoso da produrre in termini di costi di stampa e distribuzione rispetto alla sua controparte online.

Online - Questa è la versione Internet del copywriting a risposta diretta. Come puoi immaginare, i costi di produzione e consegna sono molto più economici e il tuo pubblico molto più ampio. Questa è la forma più comune di copywriting che sperimenterai oggi.

SEO - Questa è una forma specifica di copywriting eseguita per ottenere un posizionamento più elevato (in genere i primi 3 posti nelle pagine dei risultati di ricerca di Google o Bing). È contenuto scritto per includere determinate parole chiave per le quali l'azienda desidera classificarsi quando il pubblico di destinazione esegue una ricerca online.

Quali sono gli elementi essenziali di un copywriting efficace?

Ora che abbiamo risposto alla domanda su cosa sia il copywriting, lo scopo e il significato e discusso i diversi tipi, tuffiamoci in alcuni suggerimenti di copywriting e vediamo cosa rende efficace questa abilità.

Empatia

Questo è elencato per primo perché è di gran lunga il più importante. Probabilmente hai avuto l'esperienza di leggere un po 'di spazzatura scadente, venduta e senza connessione progettata per farti comprare qualcosa (di cui probabilmente non avevi bisogno o che non volevi). L'empatia è la capacità di mettersi nei panni di un'altra persona e di relazionarsi con lei come individuo. Significa preoccuparsi sinceramente dei problemi che stanno affrontando e fare del proprio meglio per risolverli.

Al contrario, se hai mai letto qualcosa che ha suscitato emozioni vere in te, è perché lo scrittore ha capito l'empatia ed è stato in grado di usarla in modo efficace.

E quando si parla di arte del copywriting, si tratta veramente di empatia. Se non impari nient'altro da questa mostruosità di un post su cosa sia il copywriting nel marketing, impara a metterti nei panni di qualcun altro quando scrivi copy. In molti casi, questo da solo porterà a termine il lavoro.

Ricerca

Ti dirò per esperienza personale che è impossibile scrivere di qualcosa di cui non sai nulla ... fidati di me su questo. Ecco perché la ricerca è così importante quando si tratta di copywriting persuasivo. Devi conoscere abbastanza sia il tuo prodotto che il tuo cliente target per essere in grado di spiegare esattamente come l'uno risolverà i problemi dell'altro.

Headlines/Subject Lines

Sai quanto tempo impiega qualcuno a fare una prima impressione?
DUE SECONDI.
Sì, uno ... due ... e il gioco è fatto. Questo è quanto tempo hai per attirare l'attenzione del tuo pubblico. Credimi, nell'era dei social media e con la maggior parte delle persone che hanno la capacità di attenzione di un colibrì, questo non è un compito facile. Ma si può fare.
Ci sono alcune parole e frasi che attirano l'attenzione dei lettori più di altre. Parole come "10 modi per", "Come fare", "Gratis" e molte altre

risuonano bene alla vista delle persone (e in qualche modo "richiedono" la loro attenzione).

Imparare a creare titoli strategici (per le pagine di vendita e i contenuti web) e le righe dell'oggetto (per le e-mail) ti aiuterà ad attirare immediatamente l'attenzione dei tuoi lettori e a farli desiderare di saperne di più.

Brevità

Ricorda che quando si tratta di copywriting professionale nella pubblicità e nel marketing, il tuo unico obiettivo è coinvolgere immediatamente il tuo lettore e spiegare come risolverai i suoi problemi. Non sei Hemingway, o Tolstoj, e i tuoi lettori non apprezzeranno che cerchi di coinvolgerli attraverso un approccio romanzo simile a Guerra e Pace.

Vai al punto e raggiungilo velocemente. Questo è il motivo per cui le frasi brevi, incisive e dirette funzionano meglio. Ricorda che nell'era dei social media, la durata dell'attenzione è breve. Quindi, quando si tratta di scrivere testi efficaci, BREVITY è il tuo migliore amico. Sii sempre breve e dolce. Funziona. È il modo in cui tieni un lettore coinvolto e aperto a ciò che stai proponendo.

Quando vedo un copy scritto in grandi blocchi di paragrafi densi, mi stanco prima ancora di aver iniziato a leggerlo. E poi non lo leggo affatto. Ma il testo breve mi fa sapere che lo scrittore ha qualcosa di importante da dire e lo dirà rapidamente. Questo attira la mia attenzione e sicuramente attirerà anche l'attenzione dei tuoi lettori. Quindi, ancora una volta, quando scrivi un testo, mantienilo breve e al punto.

Ogni volta.

Chiarezza

Molti copywriter si battono per scrivere testi che siano originali. Perdono la testa nel tentativo di inventare metafore intriganti o un astuto giro di parole.

Tuttavia, ciò che il cliente desidera di più sono informazioni sostanziali presentate in modo chiaro e preciso.

Certamente, vuole una scrittura attraente, ma non deve leggere come Ernest Hemingway. Paradossalmente una scrittura semplice trasmette in modo efficace; quindi componi per esprimere, non per stupire. Se si riduce ad esso, scegli sempre la chiarezza sul pensiero creativo. Spiega le caratteristiche del prodotto in modo semplice e particolare, usa le tue parole per aiutare il lettore a percepirne i vantaggi e sentiti libero di utilizzare fatti, statistiche, citazioni e specifiche.

Tutto questo implica che il tuo copy non debba essere composto in modo creativo? No. Al contrario, le tue parole dovrebbero essere intriganti, persino divertenti, da leggere. Tuttavia, non dimenticare mai che il tuo obiettivo di base è comunicare i messaggi di vendita in un senso percepibile e significativo per il tuo pubblico di destinazione. Non lasciare che il tuo desiderio di essere originale sovrasti la comunicazione chiara. Questo implica che il tuo copy deve essere spropositato? No. Significa semplicemente che spiegazioni chiare e nitide battono ogni giorno il ritmo di una frase astuta.

Completezza

I clienti si aspettano che il corpo di un annuncio pubblicitario o di una brochure fornisca loro tutti i dati di cui hanno bisogno per prendere una decisione in merito ai passaggi seguenti. Non deluderli.

Per l'acquirente, non c'è violazione peggiore di quella dell'omissione. Ci sono infiniti materiali di marketing - in particolare lettere e opuscoli - che sono così privi di informazioni che è sorprendente che qualcuno possa aspettarsi che l'acquirente tragga una conclusione intelligente basata su ciò che è composto. Quindi sii costantemente completo.

Cerca di anticipare le domande che un cliente potrebbe porre e fai in modo di affrontarle neo tuo copy. Ad esempio, quando un cliente vede la tua promozione, potrebbe chiedere:

Per chi è questo?

Cosa implica questo?

È davvero per me?

Che vantaggio ne ricavo?

Qual è il prodotto?

Quale problema risolve?

Ho questo problema?

Chi è l'azienda?

Perché dovrei credere a quello che dicono?

Dov'è la motivazione?

Perché dovrei acquistare questo prodotto?

Cosa dovrei acquistare adesso?

Perché dovrei acquistare a questo costo?

Perché acquistare da questa azienda e non dalla rivalità?

Quale garanzia ottengo?

Quanto tempo richiederà questo?

Quanto costa?

Come lo ordino?

Assicurati che il tuo copy racconti l'intera storia. Supera ogni dubbio. Rispondi a tutte le domande. Dai al cliente ogni potenziale motivo per dire di sì alla tua proposta.

Reciprocità

E se qualcuno ti servisse un caffè? Ti sentirai immediatamente obbligato a fare la stessa cosa il prima possibile. Le persone si sentono obbligate a restituire tutto ciò che ricevono. Se ti impegni a condividere valore con potenziali clienti o conoscenti e fornisci qualcosa di utile nel tuo copywriting, sarai riconosciuto e ricompensato.

Carenza

Il pentimento senza cogliere l'opportunità brucerà molto. Questo è il motivo per cui molti marchi comunicano che quella determinata opportunità non durerà per sempre. Riferisci ai tuoi clienti la natura speciale dei prodotti che fornisci. Sappi che questo è esclusivo, quindi lo considereranno più volte prima di rifiutarti.

Assicurati che sia colloquiale

Pensa all'ultimo libro o materiale di saggistica che hai letto. Non è stata una delle cose che ha reso emozionante la voce dello scrittore? Potresti quasi sentirlo parlare da ogni pagina. Era come se non stessi leggendo, semplicemente ascoltando.

Come mai i materiali di marketing o promozione dovrebbero essere diversi? Ricorda, stai conversando con l'acquirente. In qualche modo è davvero intimo. Stai chiedendo all'acquirente di concludere un acquisto che influenzerà, in modo umile o addirittura importante, la sua vita, vocazione o attività. Non merita un tono di conversazione amichevole?

Pensaci: due ingegneri che parlano di un nuovo sistema di valvole di propulsione parlerebbero in modo davvero diverso rispetto a due surfisti che osannano le virtù di una nuova tavola in cera. L'essere colloquiale riguarda il collegamento con il pubblico di destinazione ricreando lo stile, il tono e il linguaggio che le persone utilizzano quando discutono di una certa classe di prodotti o servizi.

Non sorprende che i pezzi promozionali di maggior successo mai composti abbiano un tono colloquiale.

Capitolo 2: Copywriting persuasivo

Il copywriting è uno strumento persuasivo, non nasce da voci o tendenze attuali, ma dalla ricerca scientifica di psicologi ed economisti. Ho spesso affermato che un copy accattivante produce una conversazione con il lettore. Non parla al lettore, parla con loro. C'è una differenza.

Il testo conversazionale fornisce al marchio una voce chiara con cui i consumatori possono connettersi. Coinvolge i clienti e parla direttamente ai problemi che stanno affrontando. Come risultato finale, li mantiene più a lungo sul tuo sito e porta a più conversioni. Ma come puoi produrre un flusso di conversazione nel tuo copy? Ecco alcuni suggerimenti per aiutarti.

Mantieni il flusso

Memorizza il linguaggio del tuo pubblico di destinazione: il tuo pubblico di destinazione verificherà lo stile del tuo copy. Ad esempio, una ragazza di quattordici anni parla in modo diverso dalle donne di quarant'anni. Devi esaminare il modo in cui parla il tuo pubblico di destinazione e fare del tuo meglio per produrre testi che catturino quello stile. In parole semplici, parla con loro in una lingua che possano comprendere.

Mantieni le frasi brevi e chiare: le frasi lunghe annullano il flusso del tuo testo. Ti fanno immediatamente sembrare noioso e sembrano semplicemente intimidatori. Mantieni le tue frasi centrate su un pensiero. E già che ci sei, fai in modo che anche i tuoi paragrafi siano brevi.

Elimina le parole enormi: le parole enormi non ti fanno sembrare brillante e non fanno sembrare il tuo prodotto più impressionante. L'individuo ordinario non parla utilizzando paroloni, come si suol dire.

La chiarezza è la chiave.

- Leggilo ad alta voce - dopo aver composto il tuo elaborato, leggilo ad alta voce. Ti sembra vero? Ci sono pezzi che non sembrano conversativi?

- Utilizza le contrazioni - le contrazioni aiutano a far sembrare la tua copia meno formale e più colloquiale. La maggior parte delle persone utilizza le contrazioni quando parlano, quindi ha semplicemente senso utilizzarle nel tuo copy.

Scrivilo come se stessi raccontando una storia

Ti dirò qualcosa che potrebbe sorprenderti.

Le persone in realtà non vogliono imparare quando leggono il tuo copy, vogliono essere intrattenute . Ho una piccola regola che mi piace tenere a mente quando scrivo un testo: se è divertente scrivere, probabilmente è divertente leggere.

Ho notato negli anni che la scrittura che ho prodotto che è stata la più divertente da creare è stata anche la più popolare. Anche se non ho alcuna prova scientifica a sostegno di ciò, è molto chiaro che le emozioni possono essere trasferite direttamente dallo scrittore al lettore attraverso le loro parole.

Mi piace dire che "l'entusiasmo trascende la scrittura".

Se avevi un sorriso sulle labbra mentre scrivevi qualcosa, puoi scommettere che anche la persona che l'ha letto ha sorriso. Come puoi farlo? Semplice: **<u>racconta storie nel tuo copy!</u>**

Non concentrarti sull'educazione del tuo lettore, concentrati sull'intrattenimento con storie significative. Se la tua storia è significativa e il lettore può facilmente metterla in relazione, l'educazione avverrà da sola.

È così che crei una connessione. Ed è così che VENDI .

Vantaggi rispetto alle funzionalità

Questo è un consiglio comune per il copywriting che ti farà risparmiare molti mal di testa in futuro. È importante capire che il tuo pubblico non si preoccupa delle specifiche tecniche e del colore del tuo prodotto, si preoccupa solo di come sarà **vantaggioso** e risolverà i loro problemi.

Quindi, quando scrivi un copy, non entrare in una "modalità manuale di istruzioni" spiegando i dettagli delle caratteristiche del tuo prodotto. A loro non importa. Dì loro che la funzionalità esiste e spiega come risolverà direttamente i loro problemi. Ti ringrazieranno per questo, spesso effettuando un acquisto.

N.B. (L'unica eccezione a questa regola è se vendi un prodotto tecnico a persone tecniche, che vorranno sicuramente conoscere le specifiche e il colore in grande dettaglio).

Proposta di vendita unica (USP)

Il tuo USP è la qualità unica che separa il tuo prodotto o servizio da quello di tutti gli altri. Forse il tuo prodotto è più veloce, più economico, più efficiente, più durevole, ecc. Qualunque cosa sia, è il tuo vantaggio competitivo.

È fondamentale che tu faccia conoscere il tuo USP quando scrivi un copy, altrimenti il tuo pubblico di destinazione non ha motivo di scegliere il tuo prodotto rispetto ai tuoi concorrenti.

Quindi, prima di iniziare a scrivere, definisci esattamente qual è il tuo USP ed espandi da lì. Spiega esattamente cosa rende migliore il tuo prodotto e come migliorerà la vita dei tuoi clienti in modi che nessun altro prodotto della concorrenza può fare.

Questo è ciò che il tuo cliente sta effettivamente acquistando.

E se usi i suggerimenti che ti ho fornito su come scrivere un copy in modo che coinvolga direttamente il tuo lettore, non avrai problemi a rendere il tuo USP chiaro come il giorno ai tuoi clienti.

Credibilità, fiducia e testimonianze

Hai mai avuto qualcuno che ha provato a venderti qualcosa e hai subito voluto allontanarti da loro? Anch'io.

Hai mai letto qualcosa e la prima parola che ti è venuta in mente è stata "viscido" o "venditore di olio di serpente" o qualcosa di simile?

C'è una buona ragione per cui ti sei sentito in questo modo.

È perché sia quella persona che la sua scrittura avevano una credibilità assolutamente pari a zero..

Sapevi subito che non ti potevi fidare di loro e non volevi avere niente a che fare con questi individui o con quello che vendevano.

<u>Questo è qualcosa che vuoi evitare quando scrivi il tuo copy.</u>

La fiducia e la credibilità sono le basi per stabilire un vero rapporto con un cliente. Senza di loro, non hai la possibilità di una palla magica nel sapere dove vendere loro qualcosa.

Allora come creiamo fiducia e credibilità?

Affermandoci come esperti. Non lasciando alcun dubbio nella mente dei nostri lettori che abbiamo l'esperienza, le capacità e il desiderio genuino di risolvere i loro problemi.

Ma ci crederanno sulla parola?

Può essere…

Ma per assicurarci che ci vedano come esperti, useremo testimonianze che cementeranno la loro opinione che siamo qualcuno di cui possono fidarsi (e da cui acquistare) perché altri esperti sono disposti a benedire il nostro buon nome.

Senza dubbio hai già visto testimonianze molte volte prima.

Guarda la copertina interna di ogni nuovo libro e vedrai lusinghiere conferme da una lunga lista di giornali e altri esperti che cantano le lodi dell'autore. Non è un caso. Convincendo altri esperti a "firmare" il loro nuovo libro, l'autore si è affermato come un esperto e qualcuno che vale la pena leggere il libro. Non ti stanno chiedendo di crederci sulla parola, guarda tutte le altre persone di successo che pensano che dovresti leggerlo anche tu!

E queste testimonianze funzionano. Anche personalmente, trovo che sono molto più propenso a leggere qualcosa se qualcuno che ha un'opinione di cui mi fido me lo consiglia. Anche se potremmo non essere in grado di ottenere lo stesso calibro di testimonianze di autori famosi, possiamo certamente trovare altre persone credibili che confermano le nostre buone intenzioni.

Le testimonianze funzionano per una ragione: nessuno vuole essere il primo a provare qualcosa ... l'ignoto completo ha troppi rischi coinvolti. Ecco perché quando vediamo che altri hanno già corso il rischio per noi, siamo molto più a nostro agio a seguirlo.

Ecco perché dovresti letteralmente includere testimonianze scritte e citate di ciò che stai vendendo o, se possibile, testimonianze video di clienti soddisfatti.

Questo crea fiducia e credibilità sia per te che per il tuo copy e, una volta ottenuto, hai vinto metà della battaglia.

È importante tenere presente che quando si scrive una pagina di vendita, l'idea è di rimuovere sistematicamente ogni potenziale ostacolo nella mente del cliente che potrebbe impedire loro di effettuare un acquisto. Quando si tratta di fiducia e credibilità, le testimonianze spuntano entrambe le caselle.

E una volta che hai convinto il tuo lettore a fidarsi di te e senti che vuoi veramente aiutarlo, hai appena rimosso il più grande blocco mentale di tutti.

Inviti all'azione (CTA)

Quando si tratta di scrivere un testo efficace, non è mai una buona idea presumere.

Ad esempio, potresti pensare che sarebbe ovvio che alla fine del tuo copy desideri che i tuoi lettori effettuino l'acquisto ...

Bene, si scopre che in realtà hanno bisogno di un piccolo suggerimento.

È qui che entrano in gioco gli inviti all'azione (CTA). Un CTA è una parte visibile della tuo copy (di solito un pulsante online) che dice ai tuoi lettori esattamente quello che vuoi che facciano.

Gli esempi includono **"Acquista ora"**, **"Registrati"** e molti, molti altri.

Potresti pensare che i lettori deriderebbero l'idea che tu dia loro ordini dopo che si sono presi la briga di leggere tutto il tuo scritto, ma in realtà è il contrario. <u>Vogliono</u> che tu dica loro esattamente cosa fare in modo che possano ottenere i vantaggi di ciò che stai vendendo.

Pensa ai tuoi CTA come a quella "spinta" finale sul traguardo delle vendite che trasformerà un potenziale cliente in uno pagante.

Per esperienza, ho scoperto che i pulsanti più grandi e in grassetto (pensa verde brillante, blu o arancione) con direzioni esatte all'interno (come "Sì, inviamelo!") Funzionano come per magia se il tuo copy è efficace. Aggiungere un po' di entusiasmo ai tuoi CTA è spesso sufficiente per aggirare l'ultimo scalino di resistenza all'acquisto.

Non perdere questo passaggio finale, poiché spesso può fare la differenza tra un nuovo cliente e nessun cliente.

Assicurati solo che il tuo CTA sia semplice e diretto e divertiti a sentire lo squillo di tromba. Quindi, ora che sai qual è il significato e la definizione di copywriting, cosa fanno i copywriter e gli elementi essenziali di un buon copy, mettiamo tutto insieme in una semplice formula di copywriting che non fallisce mai...

La formula ufficiale di copywriting (es. Copywriting For Dummies):

Empatia + Storie + Vantaggi + Credibilità + CTA = Copia killer che vende

Questa semplice formula è ciò che separa i <u>copywriter persuasivi</u> dai copywriter noiosi. Rende più facile anche il copywriting per i principianti.

Vuoi vendere con ogni copia che scrivi d'ora in poi? Basta applicare ogni ingrediente in questa formula e non puoi sbagliare. Inizia scrivendo il tuo testo, quindi vedi quali di questi elementi mancano e aggiungili.

Rimescola e ripeti.

Fallo con il tuo secondo pezzo di copy, e il tuo terzo... e con tutti quelli che scrivi andando avanti. Non ti deluderà mai.

Quello che ho notato quando ho imparato ad applicare questa formula è che una volta che lo fai un paio di volte, non è più una "formula" che ha bisogno di applicazione, ma più di una "mentalità" in cui ti immergi quando scrivi. È come avere "l'accensione della lampadina", in cui dopo sai quasi intuitivamente cosa deve vendere il tuo testo. Essere in questa mentalità ha il meraviglioso vantaggio di far quasi emergere questi ingredienti senza che tu debba pensarci coscientemente. Diventa quasi automatico.

Una volta che vedi come un testo efficace sembra produrre magicamente i risultati desiderati, questi cinque ingredienti semplicemente "fanno clic" nella tua mente. Da quel momento in poi, finché sei nel giusto stato mentale, questi ingredienti appariranno quasi da soli per portare a termine il lavoro. Ci vuole un po 'di pratica, ma una volta che la luce si accende, rimane accesa per sempre.

Capitolo 3: Come iniziare a ottenere client di copywriting

Ok ... parliamo di come iniziare con il copywriting... o per meglio dire, come procurarti dei clienti di copywriting.

Questa sezione spiegherà esattamente come ottenere non solo clienti di copywriting in generale, ma anche clienti ben paganti. Il primo passo è comprendere l'importanza delle tattiche sia online che offline. Quasi sicuramente vorrai fare entrambe le cose perché concentrarti su uno solo lascerà molti clienti (e soldi) sul tavolo. E questo, non lo vogliamo. Quindi è decisamente meglio adottare un duplice approccio quando si va in cerca di clienti. Cominciamo con le strategie online.

Contatta le agenzie di marketing digitale locali

Questo è un ottimo modo per mettere piede nella porta del copywriting con il minimo sforzo e ottenere subito dei soldi. Le agenzie di marketing digitale locali sono sempre alla ricerca di liberi professionisti di talento in quanto generalmente riducono i costi.

Mi piace chiamarli direttamente e/o inviare un messaggio tramite LinkedIn ad uno dei contatti dell' azienda. Il vantaggio qui è che essere un locale ti darà quasi sicuramente un trattamento preferenziale e almeno una possibilità per un rapporto di lavoro a lungo termine.

Se necessario, non esitare a offrirti di fare alcuni piccoli lavori iniziali gratuitamente solo per ottenere la loro fiducia e dimostrare che puoi far parte del loro team.

Blog per siti di copywriting popolari

Perché passare attraverso la follia di provare ad avviare il tuo blog e cercare di fargli avere successo quando puoi contribuire a uno che è già avviato e ottenere clienti di conseguenza?

Trova alcune parole chiave a coda lunga che indirizzeranno traffico aggiuntivo al blog e offriti di creare alcuni contenuti attorno ad esso. In cambio, questi siti ti permetteranno spesso di includere un link alla tua attività alla fine dei tuoi contenuti dove potenziali clienti possono contattarti dopo aver letto i tuoi post.

È uno scenario vantaggioso per tutti: il proprietario del sito riceve traffico aggiuntivo e tu ottieni visibilità aggiuntiva e potenziali clienti.

Ora diamo un'occhiata ad alcune strategie offline.

Partecipazione a conferenze PAGATE

Ho scritto in maiuscolo PAGATO per un motivo. Ho scoperto che le conferenze gratuite sono generalmente una perdita di tempo in quanto non attirano il tipo di persone che cercano di assumere. In effetti, ci sono buone probabilità che stiano cercando di essere assunti, proprio come te. E un'intera stanza piena di persone che cercano di essere assunte significa che tutti tornano a casa disoccupati.

Quindi, assicurati che ci sia almeno una quota richiesta per partecipare, altrimenti faresti meglio a restare a casa e a mandare e-mail. Nella mia esperienza, le conferenze a pagamento sono una calamita per i potenziali clienti che necessitano di un buon copywriter da assumere. Quando si tratta di conferenze, vale la pena essere il più socievole possibile senza essere bisognosi. Dal momento che non saprai chi ha bisogno di un copywriter pubblicitario e chi no finché non inizi a parlare con loro, sii il più amichevole possibile e come un buon pescatore, aspetta che la tua preda venga da te.

Referral

Alla fine, i referral e il passaparola sono il modo migliore in assoluto per ottenere e trattenere clienti nuovi e ben paganti. Sono la testimonianza definitiva e spesso sono di natura molto più personale poiché provengono da una connessione 1 a 1 stabilita tra due amici o colleghi di lavoro. Spesso, i referral ti consentono di accedere a clienti che non avresti mai avuto l'opportunità di incontrare altrimenti.

I referral funzionano anche nell'altro modo. Non aver paura di mettere in contatto due persone che pensi vorrebbero o avrebbero bisogno di incontrarsi per un obiettivo aziendale comune. Queste persone si sentiranno spesso in debito con te e cercheranno di restituire il favore di riferimento il più rapidamente possibile.

Segui questi semplici suggerimenti di networking online e offline e non avrai mai bisogno di nuovi client e ti risparmierai un sacco di tempo perso nel processo.

Cos'è un copywriter?

Quelle pubblicità che vedi in TV?
Li ha scritti un copywriter pubblicitario.

Quelle prime voci su qualsiasi ricerca su Google?
Anche questo è copywriting.

E quelle email che ricevi da siti web o negozi online da cui acquisti?
Hai indovinato ... copywriting!

Come probabilmente avrai notato, il copywriting professionale può assumere MOLTE forme diverse ma l'intento è sempre lo stesso: vendere un prodotto o un servizio a un pubblico di destinazione. Quindi con un obiettivo così ampio, ti starai chiedendo chi assume esattamente i copywriter? La risposta è semplice: chiunque e tutti coloro che vogliono vendere qualcosa. Che si tratti di un enorme negozio di e-commerce, uno studio legale o solo un ristorante locale per mamme e pop. TUTTI hanno bisogno di copywriter.

Come trovare (e dominare) la tua nicchia di copywriting

Una volta che hai imparato il copywriting e come ottenere clienti, il tuo obiettivo finale è trovare un'area specifica di copywriting che puoi dominare completamente. Vuoi essere il ragazzo o la ragazza di riferimento in quello spazio, dove il tuo nome è quasi sinonimo della tua nicchia scelta.

Il Niching è molto importante per diversi motivi:
Ti separa dalle orde di altri copywriter generalisti senza un'area specifica di competenza. Ti dà credibilità quasi istantanea nel tuo spazio. Ti consente di addebitare molto di più per i tuoi servizi, poiché sono specializzati in un'area specifica del copywriting. Mantiene interessante per te l'abilità del copywriting (credimi, scrivere di cose di cui non ti frega niente diventa noioso).

Ho anche scoperto che il niching down mi permette di costruire relazioni più profonde con i clienti, aiutandoli con aree della loro attività a cui non avrei mai accesso se fossi solo un copywriter generalista. Il Niching Down ha il meraviglioso effetto di renderti quasi indispensabile per i tuoi clienti. Sanno che saresti molto difficile da sostituire dato il tuo set di abilità specializzate, quindi hanno un forte incentivo a trattarti bene.

In breve, la nicchia comunica valore sia ai tuoi clienti attuali che a quelli potenziali. È anche molto più divertente scrivere e lavorare con i clienti che operano in uno spazio che trovi interessante.

Quindi, di nuovo, non appena inizi a fare esperienza di copywriting, inizia a notare quali aree del copywriting attirano la tua attenzione e poi inizia a perseguirle con gusto.

Capitolo 4: Scrivere un titolo che cattura

Il processo di scrittura di titoli (o headlines) che catturano l'attenzione del lettore è davvero così importante? Questa è una bella domanda. Dopotutto, il succo del tuo articolo, blog, post o annuncio non è nel titolo... o anche nelle immagini, è nel testo. Tuttavia, le persone non leggeranno mai il tuo testo se il titolo non cattura prima la loro attenzione.

Fin da piccoli ci è stato insegnato che hai solo una possibilità per fare una buona prima impressione. Sei mai stato accolto da una stretta di mano che sembrava un pesce morto o una palmo sudato? Ti ha lasciato una buona impressione? Diamine no! I titoli non sono diversi. Il tuo titolo è la prima stretta di mano tra estranei e può creare o distruggere la tua relazione futura. Un buon titolo costringerà il lettore ad agire per vedere cosa c'è dietro il titolo, facendo clic direttamente sul tuo sito web o sulla pagina di destinazione. D'altra parte, un titolo privo di fantasia manderà il lettore alla deriva, sulla strada per qualcosa di più persuasivo.

Puoi aumentare il traffico sul tuo blog del 500% solo in base al titolo. I titoli sono la prima cosa che la gente vede. I titoli cliccabili sono la tua migliore possibilità di attirare l'attenzione di qualcuno e fargli sapere che hai qualcosa di unico e utile da dire. Stabiliscono il tono e rendono ovvio di cosa tratta l'articolo (a differenza dei titoli "Clickbait" che fanno l'opposto!). Ma in media, sebbene 8 persone su 10 leggeranno un titolo, solo 2 su 10 leggeranno il resto. Queste non sono buone probabilità, quindi devi mettere in evidenza il tuo titolo per avere qualche possibilità di attirare l'attenzione del tuo pubblico e costringerlo a leggere l'intera storia. Quando leggiamo usiamo titoli e sottotitoli come mezzo per scansionare una pagina e decidere su cosa concentrarci, o anche se leggerla. Ciò è particolarmente importante quando si legge del testo su uno schermo poiché il nostro cervello si comporta in modo diverso dalla lettura su carta. È meno probabile che scansioniamo le righe di testo nell'ordine in cui sono state scritte, invece cerchiamo "punti di ancoraggio" per aiutarci a dare un senso al contenuto. Elementi come titoli e immagini ci aiutano a farlo.

Perché perdere tempo a lavorare su un titolo?

I copywriter si rivolgono spesso al defunto magnate della pubblicità britannica David Ogilvy quando abbiamo bisogno di ispirazione. Sapeva molto prima di chiunque altro che i titoli sono l'elemento più importante del testo. È famoso per aver detto:

"In media, il numero di persone che leggono il titolo cinque volte superiore a quello del testo. Dopo aver scritto il titolo, hai speso ottanta centesimi di dollaro".

Quindi un buon titolo è fondamentale per far leggere i tuoi contenuti. È ciò che incoraggia le persone a fare clic sul tuo sito Web e saperne di più. Dà al tuo lettore una buona idea del contenuto del post. Senza un grande titolo che attiri le persone dentro di te rischi di mandare le tue parole al mondo senza che nessuno le legga.

Migliore è il tuo titolo, maggiori sono le tue probabilità di battere le medie e ottenere quello che hai da dire letto da una percentuale maggiore di persone.

Come scrivere i titoli su cui le persone vogliono fare clic

Quindi hai la tua idea per il tuo blog o articolo□e vuoi iniziare a giocare con i titoli. Non c'è una regola su quando comporli: alcune persone iniziano con un titolo, alcuni lo lasciano alla modifica finale, alcuni si ispirano a iniziare a comporre a metà del processo di scrittura. Non importa, è qualunque cosa funzioni per te.

Uno dei motivi principali per dedicare tempo alla composizione di un titolo è creare qualcosa su cui le persone vorranno fare clic. I clic indicano traffico sul tuo sito web, il che significa che i motori di ricerca come Google ti presteranno attenzione. E maggiore è l'attenzione che ricevi da Google, maggiori sono le probabilità che continuino a elencare il tuo sito nei risultati dei motori di ricerca.

Ricorda che le probabilità sono contro di te: in media solo il 20% delle persone legge il contenuto dopo aver letto il titolo, forse perché non sono state abbastanza ispirate da sacrificare altro del loro tempo. Quindi il tuo lavoro quando componi il titolo di un blog o di una pagina di vendita è convincere il 100% dei lettori a fare clic sul tuo sito Web e spingerle a leggere o acquistare un prodotto.

Come puoi massimizzare le tue possibilità che ciò accada?

Come scrivere un ottimo titolo

I titoli migliori sono <u>unici</u>, <u>utili</u>, <u>specifici</u>, identificano un problema e forniscono una promessa della soluzione. Usano un linguaggio semplice ma potente e inequivocabile che crea intrigo e interesse.

La lunghezza ideale del titolo è da 6 a 10 parole, anche se si potrebbero utilizzare fino a 20 parole, se necessario. Se non sei sicuro della lunghezza, prova a dirlo ad alta voce. Se rimani senza fiato prima di arrivare alla fine, probabilmente è troppo lungo! Il titolo dovrebbe essere un mix tra avverbi e aggettivi; ma se stai scrivendo un blog per supportare la tua attività, dovresti evitare che tali titoli diventino troppo spam. Se sei bloccato, ci sono una serie di strumenti gratuiti disponibili che genereranno idee per i titoli per te e ti daranno alcune opzioni con cui giocare.

18 modi per scrivere titoli irresistibili

Quindi cosa costituisce un buon titolo in questi giorni? Ho elencato alcuni dei componenti chiave di seguito, ma voglio prima chiarire che nessuno dei fondamenti della scrittura dei titoli è cambiato. Come esseri umani, non siamo veramente cambiati. È la tecnologia che è cambiata e i formati dei titoli si stanno semplicemente adattando a queste nuove tecnologie.

Allora, come puoi scrivere titoli migliori oggi?

1. Scrivi più titoli

Vuoi conoscere il segreto di Upworthy per raggiungere 80.000.000 di visite uniche al mese? Scrivono più varianti del titolo di chiunque altro. Ogni post pubblicato su Upworthy ha 25 titoli diversi che vengono testati A/B per trovare quello più cliccabile e condivisibile. Upworthy non si preoccupa della grammatica scadente, della lunghezza del titolo o di qualsiasi convenzione di scrittura dei titoli per quella materia. Scrivono semplicemente un gran numero di variazioni e lasciano che la scienza scelga il vincitore.

2. Prova la tecnica A/B sui tuoi titoli

Il modo migliore per imparare cosa rende un titolo perfetto, è avere l'opportunità di testarlo in due parti. Uso un semplice Split Test per creare una serie di variazioni del titolo per ogni post che scrivo. Il valore del test sta nel fatto che si impara molto rapidamente quali formati di titoli funzionano bene e quanto sia importante testare le ipotesi.

4. Usa cifre invece di parole

Una cosa che ho testato è il confronto tra "10 modi con" e "dieci modi con". I lettori cliccavano maggiormente sulla prima opzione. Praticamente in ogni scenario le cifre superano le parole.

5. Posizionare il numero all'inizio del titolo

Se stai scrivendo un elenco, di solito è meglio strutturare il titolo con il numero all'inizio. Ad esempio, "10 modi per far crescere il tuo blog" è probabilmente meglio di "Come far crescere il tuo blog in 10 passaggi".

6. Fai una promessa eccessivamente ambiziosa e mantienila

I migliori titoli promettono di fare qualcosa di prezioso o emotivamente stimolante. "Come generare $ 10.000 al mese con l'affiliate marketing" è un titolo incredibilmente avvincente che fa una grande promessa. Se potessi scrivere un articolo che mostrasse realmente formati replicabili e casi di studio su come ciò sia possibile, hai mantenuto la tua promessa.

7. Insegna alle persone qualcosa di utile

Ci piace apprendere nuove abilità che completano i nostri obiettivi e le nostre vite. Per questo motivo, i titoli contenenti "Guida per principianti", "Fai da te", "Introduzione", "In 5 minuti" tendono a funzionare molto bene.

8. Crea un senso di urgenza

L'aggiunta di urgenza in un titolo di solito richiede solo l'aggiunta della parola "adesso" o "oggi" alla fine. "7 modi per far crescere il tuo blog adesso" è molto più avvincente di "7 modi per far crescere il tuo blog". In alternativa, potresti aumentare l'urgenza implicando gli effetti dell'ignoranza, ad esempio "10 errori che non vuoi commettere durante l'esecuzione di un blog".

9. Distinguersi dalla massa

Il pericolo di scrivere un articolo come questo è che tutti finiscono per conformarsi a una serie di principi. Come in tutte le forme di marketing creativo, quando tutti iniziano a fare le cose in un modo, questi modi tendono a perdere impatto e un nuovo modo diventa più efficace. Ecco perché dobbiamo considerare il nero quando gli altri guardano al bianco.

Ti faccio un esempio, alcuni anni fa ho testato due righe dell'oggetto della campagna di posta elettronica. In uno di essi, ho iniziato la riga dell'oggetto con ">> [importante]".

L'aggiunta di questo insolito insieme di simboli e della parola importante ha aumentato il tasso di apertura di circa il 30%. Perché? Si distingueva da tutto nelle caselle di posta del destinatario e aumentava l'urgenza dell'e-mail. Ma non è detto che sia una buona cosa o che funzioni sempre.

Suggerimento: se vuoi che qualcuno risponda a un'e-mail, non aggiungere "[urgente]" o "[importante]" all'inizio, è poco professionale e il tuo lavoro rischia di essere scrollato come la maggior parte delle e-mail di pubblicità che infestano la nostra casella di posta.

10. Sii estremamente specifico

La saturazione del content marketing ha fatto sì che stiamo assistendo alla comparsa di molti titoli molto simili. Mi chiedo, quante guide ai blog o i migliori consigli per la gestione dei social media siano state scritte?

Il modo per superare tutto questo deve essere estremamente specifico. Uno dei motivi per cui ammiro i post di Neil Patel su Quicksprout è perché è molto specifico con i suoi titoli. Neil scrive titoli come: "In che modo X ha aumentato il mio traffico di Y% in Z giorni". Essere ultra-specifici è uno dei segreti del successo nel blogging di Neil.

11. Fai in modo che i tuoi titoli funzionino fuori contesto

Indipendentemente da quanto siano brevi i tuoi titoli, dovrebbero funzionare fuori contesto. Generalmente un lettore deve capire cosa otterrà leggendo il tuo articolo scansionandolo in un feed di Twitter.

12. Optare per il minor numero di parole possibile

Sono un fan della semplicità e ammiro la capacità della BBC di scrivere titoli brevi molto incisivi che fanno la maggior parte di quanto sopra spesso in sei parole o meno. Ricorda che Google mostra un limite di 70 caratteri nei risultati di ricerca per i titoli e Twitter ha un limite di 140 caratteri. Non lasciare che questi limiti governino il tuo titolo, ma tieni presente che se il tuo titolo supera i 70 caratteri, probabilmente è contorto in una certa misura.

13. Cosa ci guadagno?

Chiediti, se vedessi questo titolo, faresti clic su di esso? In caso contrario, cosa ti farebbe fare clic su di esso? Se il titolo non trasmette al lettore cosa contiene, considera cosa offri veramente al lettore e cerca di essere più specifico o più emotivo con il titolo.

14. Scrivi qualcosa che le persone vorranno nel loro newsfeed

Una delle sfide uniche che dobbiamo considerare oggi è se i nostri lettori vorrebbero che il nostro titolo apparisse nel newsfeed dei loro amici. Nel grande libro "Contagious" di Jonah Berger, ha scoperto che le persone condividono le cose per produrre e accumulare valuta sociale. In altre parole, condividiamo cose che ci fanno sembrare ricchi, cool, intelligenti o altri tratti personali che generalmente vogliamo che gli altri vedano in noi. Cosa direbbe il titolo di una persona che lo ha condiviso?

15. Usa aggettivi interessanti

"6 suggerimenti essenziali" è in qualche modo migliore di "6 suggerimenti", nello stesso modo in cui i fatti sorprendenti sono generalmente migliori dei semplici fatti. Usa aggettivi interessanti per aggiungere emozioni alla scrittura del titolo.

16. Stuzzica la curiosità delle persone

Hai presente come ti fanno sentire i cliff-hangers (finale sospeso) quando arrivi alla fine di una storia? Vuoi sapere di più. Questo è l'effetto che dobbiamo replicare con i nostri titoli: fornire informazioni sufficienti per creare interesse, ma con abbastanza mistero da stuzzicare la curiosità delle persone e incoraggiarle a fare clic.

17. Fare una domanda?

Qualche anno fa ho letto di come i nostri cervelli siano insoddisfatti quando vedono un punto interrogativo ma non conoscono la risposta. La reazione istintiva nel vedere un punto interrogativo è trovare la risposta. Nel mondo online, questo spesso si traduce nel clic del lettore.

18. Dopo tutto, ricorda le parole chiave

La SEO è ancora incredibilmente importante. Nonostante la crescente importanza della condivisione sui social, Google è ancora la principale fonte di traffico verso la maggior parte dei siti web. Il mio consiglio è di considerare le parole chiave che stai utilizzando nei titoli dopo aver fatto tutto quanto sopra.

Esempi di Headlines

Creare titoli accattivanti che catturino l'attenzione dei tuoi lettori è essenziale per il successo del tuo lavoro. È anche il più divertente. Prenditi il tempo per inventare titoli che attireranno il tuo pubblico. Spesso i tuoi lettori ricorderanno il tuo titolo più del contenuto stesso.

Il classico How-to Title/Headline

Molti blog e siti Web popolari hanno scoperto formule che forniscono risultati ogni volta. Una formula principale che è stata incredibilmente efficace per più di un secolo è il classico **come**. Questo è un ottimo modo per aumentare il coinvolgimento, assicurati solo di mantenere le tue promesse.

Non hanno nemmeno necessariamente bisogno di iniziare con le parole **"come"** per essere un titolo.

"Come avere un ufficio domestico più sano e produttivo"

"10 passaggi per esternalizzare con successo il tuo business online"

"21 modi per dominare YouTube: la guida definitiva"

Il titolo Make a Statement

A volte abbiamo il blocco dello scrittore e non riusciamo a pensare a un titolo intelligente... È qui che fare una dichiarazione diretta è il modo più semplice ed efficace per coinvolgere il tuo lettore.

"Prima di acquistare un'auto elettrica: 21 cose che dovresti sapere"

"Suggerimenti che mostrano a chiunque come guadagnare online - Garantiti"

"Migliaia di persone guadagnano già milioni online e anche tu puoi

Titoli "Identificare e risolvere un problema"

Uno dei modi migliori per ottenere nuovi lettori è identificare e risolvere un problema con le parole chiave. Le migliori aziende utilizzano trigger emotivi in quasi tutti i titoli, un altro stile classico che ha resistito alla prova del tempo.

Noterai che le principali aziende come Cosmopolitan, Daily Mail e Yahoo utilizzano spesso questo stile:

"6 stimolatori istantanei della fiducia"

"Genitori Guru: dal caos all'accesso"
"La svolta genetica ripristina la vista delle persone con malattie dell'occhio ereditarie e potrebbe salvare migliaia di persone dalla cecità"

Fai domande

Usare una domanda come titolo è un'ottima opportunità per convincere le persone a fare clic sul tuo post. Quando le persone individuano una domanda in un titolo, pensano automaticamente a una risposta. È naturale…

"Sei troppo intelligente per il successo?"

"Vuoi invertire immediatamente tutti i tuoi problemi di salute?"

"Sei tipi di investitori: in quale gruppo sei?"

Utilizzare titoli che offrono spiegazioni

I titoli esplicativi rendono le cose immediatamente chiare ai lettori facendo esattamente ciò che suggerisce il nome, spiegando qualcosa.

"Come ho raddoppiato i miei soldi con gli annunci di Facebook"

"Per i giovani a rischio, imparare i media digitali è un lusso"

"Il nuovo shampoo lascia i capelli più lisci - più facili da gestire"

A volte vale la pena avere le ultime notizie nel titolo stesso. Quando trasformi le tue notizie in spiegazioni, il tuo pubblico sa esattamente cosa aspettarsi prima di iniziare a leggere.

Scegli uno stile "intrigo"

Scrivi un titolo che induca le persone a fare una specie di doppia presa quando lo leggono. Falli meravigliare e chiedi se è possibile.

Il National Enquirer è noto per questo …

"Il padre si sottopone a cure renali - Lascia l'ospedale da donna"

"Come Jack The Weakling ha massacrato il maiale da ballo!"

"Wall Street viene preso a calci in faccia dai tecnici asiatici!"

Prova una "finalità"

Un altro modo per generare interesse consiste nell'usare parole in stile finalistico come definitiva, migliore, escusiva, garantito, eccetera.

"La guida definitiva per fare soldi online"

"Ogni imprenditore di Internet si rammarica di non averlo fatto prima"

"Questo post sul blog ti garantirà più soldi"

Crea una "Top List"

Questo è uno dei formati più semplici da seguire ed è ideale per la SEO e per essere classificato nei motori di ricerca per i termini più competitivi.

Metti prima l'argomento, idealmente ottimizzato per i termini di ricerca più diffusi, quindi utilizza una descrizione "che provoca emozioni". I numeri attirano l'attenzione e dicono al tuo pubblico che sei un'autorità. Fa loro sapere che hai qualcosa di specifico, concreto e reale da offrire loro.

"24 regole che seguo quando creo siti web di successo"

"5 modi per guadagnare di più online, anche se hai appena iniziato"

"I 10 migliori errori pubblicitari su Facebook da evitare"

Capitolo 5: La Sales Letter (o Lettera di vendita)

Una lettera di vendita è uno strumento di marketing che promuove un bene o un servizio. Il suo obiettivo è convincere il lettore ad acquistare ciò che la lettera offre. Per essere efficace, il suo ambito deve descrivere un particolare vantaggio che il lettore otterrà effettuando l'acquisto, come un problema risolto o un'esigenza soddisfatta.

Prima di iniziare, dovresti avere familiarità con ciò che la tua lettera di vendita intende promuovere e le persone che intendi raggiungere. Ciò potrebbe richiedere un po 'di ricerca e un po' di brainstorming, ma senza preparazione la tua lettera di vendita sarà meno efficace.

Quindi decidere le caratteristiche che meglio evidenziano il bene o il servizio; identificare i suoi punti di forza, in altre parole. Più grandi, più luminosi, più forti, più veloci, più economici, ecc., Sono punti di vendita comuni quando si scrive una lettera di vendita. Una volta effettuata una selezione, devi convincere i lettori che il vantaggio della tua offerta supera il costo. In altre parole, convincili che quello che hai da offrire è un buon affare.

Identifica il tuo lettore

Una lettera di vendita deve essere indirizzata a un gruppo di potenziali acquirenti che soddisfano una serie di criteri stabiliti. La selezione dei loro nomi dovrebbe essere fatta con attenzione, idealmente con l'aiuto di un professionista specializzato nel marketing per posta diretta. Lui o lei sarà in grado di assisterti nella costruzione di una mailing list su misura per le tue esigenze specifiche.

Una volta assemblato, i nomi dei tuoi potenziali clienti dovrebbero essere inseriti nel saluto e all'interno dell'intestazione della tua lettera di vendita. Dovrebbero anche essere inclusi nella riga superiore della busta.

Che tu stia individuando proprietari di case o affittuari, studenti o lavoratori, dentisti o avvocati, stai individuando un gruppo di persone con un bisogno o desiderio identificabile, che puoi soddisfare o soddisfare in qualche modo. Questo gruppo è il tuo pubblico di destinazione. Ogni membro è un potenziale cliente.

Tieni presente che le persone fanno affari con le persone. Quando personalizzi la tua lettera di vendita, rivolgendoti al lettore per nome, riconosci l'importanza individuale di quella persona e il suo valore come essere umano.

Stabilisci il tuo obiettivo

L'obiettivo di una lettera di vendita è triplice:

1. Per attirare l'attenzione

2. Genera interesse

3. Incoraggia un acquisto

La tua lettera di vendita potrebbe non indurre un acquisto immediato, tuttavia, dovrebbe, come minimo, soddisfare i primi due obiettivi. Dovrebbe fornire ai suoi lettori informazioni sufficienti per aumentare la consapevolezza del marchio su chi sei e quali prodotti o servizi hai da offrire. Potrebbero tornare come clienti in futuro. Dopo tutto, il giorno in cui arriva il tuo messaggio di posta diretta, il lettore mirato potrebbe non aver bisogno né volere ciò che hai da offrire. Indipendentemente da ciò, la tua lettera di vendita può avere un effetto residuo positivo se riesce a creare un'impressione forte e favorevole nel momento in cui viene ricevuta.

Determina il tuo ambito

Per essere efficace, l'ambito di una lettera di vendita deve identificare uno o più dei seguenti:

I.   Un problema che può essere risolto

II. Un bisogno che può essere soddisfatto

III. Un desiderio che può essere soddisfatto

IV. Un piacere che si può guadagnare

Deve quindi presentare una soluzione attraente in un modo abbastanza persuasivo per raggiungere l'obiettivo della lettera, convincendo il lettore a fare un acquisto.

Le lettere di vendita di successo orientano la loro presentazione verso il beneficio ricevuto dal lettore piuttosto che i beni o servizi offerti.

Organizza la tua lettera

Organizzare la tua lettera di vendita stabilirà un ordine logico in cui presentare le tue informazioni. Hai già iniziato questo compito stabilendo un obiettivo e determinando il tuo scopo. Fare riferimento a loro. Insieme includono gran parte del contenuto che diventerà il corpo della tua lettera.

Un semplice schema ti organizzerà. Inizia creando un elenco di elementi che il tuo pacchetto includerà e inseriscili nell'ordine sequenziale che meglio aiuterà il tuo lettore a comprendere il contenuto del tuo pacchetto. Questi punti diventeranno la spina dorsale del tuo progetto; il tuo schema diventerà una lista di controllo.

Scrivi la tua lettera

Lavorare da uno schema è il modo più semplice per redigere una lettera di vendita. Ti sei già organizzato creando un elenco. Fai riferimento ad esso e trasforma ogni frammento in una frase completa e completa che esprima un singolo pensiero o idea.

Affinché i tuoi pensieri e le tue idee siano trasmessi in modo coerente, scrivi con una voce il più naturale possibile. Prova a scrivere la bozza velocemente e poi leggilo ad alta voce. Concentrati sulla comunicazione del tuo obiettivo al lettore. Assicurati che lo scopo della tua lettera contenga tutte le informazioni rilevanti incluse nel tuo elenco organizzativo.

Tieni presente che stai scrivendo una bozza. Per il momento puoi ignorare l'ortografia, la grammatica, la punteggiatura, la struttura delle frasi e dei paragrafi. Questi sono dettagli tecnici a cui presterai attenzione nella fase finale quando rivedi e rivedi il tuo lavoro.

Chiudi la tua lettera

Una lettera di vendita dovrebbe chiudersi in modo professionale. Una volta che il tuo ultimo paragrafo è stato scritto, firma tra una chiusura lusinghiera come "Cordiali saluti" o "Grazie" e il tuo nome stampato. Ulteriori informazioni come note di dettatura, notifica di allegati, allegati e copie inviate ad altre persone devono essere collocate sotto la riga del titolo.

Rivedi e modifica la tua lettera di vendita

Rivedere la bozza della tua lettera di vendita è quando controlli e affini il suo contenuto testuale. È un controllo finale per vedere che il tuo obiettivo è chiaramente indicato, il tuo ambito è sufficiente e al lettore sono state fornite informazioni sufficienti per comprendere il tuo messaggio.

Cerca errori evidenti. Verifica la presenza di parole con errori di ortografia, scarsa struttura della frase ed errori grammaticali. Assicurati di essere stato diretto e diretto. Usa una voce forte e attiva.

Tieni presente la coerenza generale della tua lettera. Cerca accuratezza, chiarezza e un senso di completezza. Chiediti se le transizioni tra i paragrafi funzionano e se il tuo punto di vista, tono e stile sono coerenti in tutto il testo.

Esamina attentamente le parole che scegli. Le parole ambigue creano confusione. Il gergo e i termini astratti potrebbero non essere affatto compresi e le affettazioni, i cliché e il linguaggio banale tendono a sminuire la sostanza del tuo messaggio. Se non hai scritto un'apertura o una chiusura ora è il momento. Conduci nella lettera di vendita con un forte richiamo di attenzione. Concludere con un incentivo ad agire.

Tips per una lettera di vendita vincente

Sia che la spediate da sola o come parte di un pacchetto di posta diretta, una lettera di vendita può essere uno dei vostri strumenti di marketing più efficaci, permettendovi di parlare faccia a faccia con potenziali clienti e clienti. Cosa rende una buona lettera di vendita? Ci sono tre regole chiave:

1. **Inizia con un gancio.** Inizia la tua lettera con un'idea o un pensiero provocatorio che "attiri" i lettori e li invogli a continuare a leggere.

2. Fornisci loro i fatti velocemente. Elenca rapidamente i due o tre principali vantaggi di fare affari con la tua azienda.

3. Termina in modo persuasivo. Chiudi la lettera con un argomento forte che costringa i lettori a rispondere.

Quanto dovrebbe essere lunga una lettera di vendita? La risposta standard è "abbastanza a lungo per fare il lavoro". E sì, ci vuole più tempo per persuadere un potenziale cliente ad acquistare che semplicemente per convincerlo a chiedere ulteriori informazioni. Ma nell'era high-tech di oggi, le persone diventano impazienti per qualsiasi cosa che richieda molto più tempo di un battito di ciglia per leggere.

Questo significa che la lettera di vendita sta scomparendo? No! Le persone continueranno a leggere le lettere di vendita. Tuttavia, a loro non piace quando li fai lavorare, quindi mantienile brevi e coincise. Altrettanto importante per il tuo messaggio (alcuni direbbero più importante) è l'aspetto della tua lettera. Dovrebbe essere visivamente invitante. Non appena i potenziali clienti tirano fuori la tua lettera dalla busta, prima di leggere una parola del tuo messaggio di vendita, hanno immediatamente una reazione positiva o negativa in base all'aspetto generale della lettera. Se è pieno di parole, i lettori avranno subito un'impressione negativa.

Tipi di lettere di vendita

Una lettera di vendita ha uno scopo specifico da soddisfare. I vari scopi possono essere l'introduzione di un nuovo prodotto o servizio, avvalersi di nuove offerte, incentivi alla vendita, ecc. Discutiamone alcuni qui.

Introduttivo

Questo tipo di lettera viene scritta a un cliente o un consumatore per presentare all'azienda o un prodotto. Spiega inoltre come i lettori trarranno vantaggio dal prodotto o dal servizio. Deve attirare l'attenzione delle persone, costruire il loro interesse e chiamare all'azione.

Aggiornamento del prodotto

Come suggerisce il nome, questo tipo di lettera descrive i vantaggi dei nuovi prodotti rispetto a quelli più vecchi. Possono essere inclusi anche altri dettagli come un periodo limitato per l'acquisto e lo sconto.

Incentivo di vendita

Promuove i prodotti esistenti tra i clienti attuali. Questo tipo di lettera deve creare un certo entusiasmo nel lettore per l'acquisto del prodotto.

Ringraziamenti

Un mittente scrive questa lettera per ringraziare i clienti di far parte dell'azienda. Mostra il valore del cliente. Un breve accenno viene dato sulla disponibilità del prodotto per il cliente.

Celebrazione delle vacanze

Questa lettera offre la possibilità di offrire un prodotto come regalo per i clienti. Mostra anche gli sconti e le offerte limitate alla celebrazione della festa.

Invito

È un invito ai clienti per qualsiasi celebrazione. Questo aiuta i clienti a sentirsi importanti.

Cliente perso

Questo tipo di lettera è per i clienti che non sono stati troppo attivi di recente. Aiuta l'organizzazione a legarsi con loro e offre loro buoni affari.

Esempio risolto per te

Problema: quale dei seguenti punti dovrebbe essere tenuto presente come punto di vista di un cliente mentre si scrive una lettera di vendita?

a)   Punti che mostrano l'economicità del servizio.

b)   Scadenza delle offerte.

c)   Punti che mostrano la necessità.

d)   Punti che mostrano il costo del servizio per mettersi in mostra.

Soluzione: tutto quanto sopra eccetto il punto d.

Esempi pratici di lettere di vendita

Le "quattro A" delle lettere di vendita sono attenzione, appello, applicazione e azione.

Per prima cosa, attira l'attenzione del lettore. Quindi, evidenzia l'attrattiva del tuo prodotto. Quindi, mostra al lettore l'applicazione del prodotto. Infine, terminare con una specifica richiesta di azione.

Nella prima parte della tua lettera di vendita, attira l'attenzione del lettore facendo una domanda, utilizzando una dichiarazione "come fare", complimentandosi con il lettore, offrendo un regalo gratuito, introducendo un confronto o annunciando un cambiamento. Nella seconda parte, evidenzia il fascino del tuo prodotto facendo appello all'intelletto, alle emozioni o a entrambi del lettore. Non perdere lo slancio che hai guadagnato con la tua introduzione annoiando il lettore con dettagli di poco conto, descrizioni piatte, inventari elaborati o vanità banali. Nella terza parte della tua lettera di vendita, fornisci la prova del valore di ciò che stai vendendo. Concentrati sul potenziale cliente, non sulla tua azienda. Nella sezione finale, dì ai lettori esattamente cosa vuoi che facciano, ea che ora. "Rispondi e sarai ricompensato" è il messaggio di base dell'ultima sezione di una lettera di vendita.

1. Lettera di vendita Introduttiva

Sig.ra Kate Parker

Manager

ANS Beauty Care

New York

10 settembre 2019

Gentile Sig.ra Kate,

ABC Beauty Naturals è un'azienda impegnata nella produzione di prodotti di bellezza. I nostri esperti hanno un'esperienza di più di venti anni nel campo di ricerca e produzione di prodotti di bellezza. Abbiamo sede a New York e abbiamo altri punti vendita in tutto il paese per la distribuzione dei nostri prodotti.

I nostri prodotti sono diventati molto popolari e stanno avendo una risposta positiva dal mercato. Non scendiamo mai a compromessi sulla qualità del nostro prodotto e li forniamo a prezzi competitivi.

Se hai qualche domanda o vuoi conoscere maggiori dettagli, non esitare a contattarci. Puoi visitare anche il nostro sito web www.abcbeautynaturals.com

Cordialmente,

Posto barca Ronald

Manager, ABC Beauty Naturals

2 Lettera di vendita di aggiornamento del prodotto

Per,

Sig. Max Patrik

RMN Beauty Clinic

Caro Max,

Noi della RJ Production siamo lieti di informarvi sul nostro nuovo prodotto aggiornato. Le RJ produzioni sono uno dei nomi rinomati deI prodotti per la cura. Abbiamo una grande collezione di prodotti per la cura della bellezza.

Ci sono alcuni prodotti che sono stati aggiornati e sono diventati più efficaci. Nella lozione cosmetica da noi fornita abbiamo introdotto una nuova funzionalità, ed è quella di proteggere la pelle dai dannosi raggi ultravioletti. Questi prodotti sono ora disponibili anche per tutti i tipi di pelle. Ti assicuriamo che il tuo cliente sarè soddisfatto con il risultato dei nostri prodotti.

Cordiali saluti,

John

Marketing Manager,

RJ Productions.

3 Lettera di ringraziamento

Desde,

Karry douglas

In -Tech Corporations Ltd

9 settembre 2018

Per,

Mary peterson

1111 Martians street

USI

Gentile Sig.ra Mary,

Noi siamo felici di conoscere la tua esperienza di acquisto con noi. Apprezziamo che tu sia un ottimo acquirente.

Siamo lieti di ricevere una risposta positiva da parte tua sull'acquisto. Per qualunque problema non esitate a contattarci e lo risolveremo.

Sei uno dei nostri stimati clienti e ci teniamo a te. Siamo sempre pronto per i servizi post vendita. Puoi contattarci in caso di qualsiasi domanda o problema sul prodotto acquistato. Abbiamo un team qualificato di professionisti pronti a prendersi cura delle tue domande.

Dato che sei uno dei nostri clienti speciali, stiamo fornendo un buono che vale 150 $ per il tuo prossimo acquisto entro un mese. Ci auguriamo che continui a fare acquisti con noi anche in futuro.

Grazie,

Auguri,

Karry douglas

(In-Tech Corporations Ltd)

Capitolo 6: E-mail marketing

L'email marketing è l'atto di indirizzare i consumatori con un messaggio commerciale tramite e-mail con l'obiettivo di aumentare le vendite, aumentare la fedeltà dei clienti o comunicare informazioni importanti. È una forma di marketing diretto che, in passato, era comunemente utilizzata per indirizzare gruppi di persone di massa. Tuttavia, l'email marketing moderno si basa sui principi di consenso, segmentazione e personalizzazione.

L'email marketing è il canale di direct marketing più redditizio, in grado di generare fino a 30 volte il tuo investimento iniziale. Questo lo rende un pilastro chiave di qualsiasi strategia di marketing digitale. La mancata inclusione dell'email marketing nella tua strategia di marketing digitale non sarebbe saggio dato il potenziale ROI (Return of investment) in gioco.

Obiettivi aziendali raggiunti tramite l'email marketing

L'email marketing può aiutare a raggiungere 3 categorie di obiettivi:

1. Conversione (vendita di prodotti e servizi)
2. Fedeltà del cliente

3.   Consapevolezza del marchio

L'email è un ottimo canale perché ha un certo grado di intimità associato. Per molte persone, la posta in arrivo è diventata uno spazio curato pieno di messaggi dei loro marchi preferiti.

Comunicando direttamente nella casella di posta in arrivo di un contatto, hai un'opportunità unica di essere presente nella loro vita quotidiana. Questo è molto più efficace di un post sui social media, in cui non puoi essere sicuro che qualcuno abbia visto il messaggio. Oltre all'intimità, la posta elettronica ha la formalità necessaria quando si tratta di comunicare messaggi importanti. L'email gioca un ruolo in ogni fase del ciclo dell'acquirente: nella fase di informazione e prospezione, durante la conversione e in seguito per la fidelizzazione dei clienti.

Uno dei principali vantaggi dell'email marketing è la sua **scalabilità**. Ciò si riferisce al fatto che le e-mail possono essere distribuite su larga scala a un ampio numero di destinatari.

10 vantaggi dell'E-mail Marketing

1. Ritorno sugli investimenti senza rivali

Nel mondo degli affari, i risultati sono senza dubbio tutto ciò che conta. Con questo in mente, il motivo principale per cui la maggior parte delle aziende investe nell'email marketing è il fantastico ritorno sull'investimento. Secondo DMA la posta elettronica porta un 122% di ROI, arrivando ad essere 4 volte più potente del ROI degli altri canali.

2. Impatto istantaneo

A causa dell'immediatezza dell'email, un'azienda può iniziare a vedere i risultati entro pochi minuti dall'invio delle sue email. Una vendita di 24 ore è un brillante stratagemma di marketing che può essere utilizzato tramite e-mail, in quanto crea un senso di urgenza e convince gli abbonati ad agire immediatamente. Le aziende in genere devono aspettare settimane prima di vedere che le vendite arrivano a seguito di campagne di stampa o di trasmissione e, anche in questo caso, come possono essere sicuri di quale fosse la responsabilità dell'acquisto?

3. Raggiungi un pubblico globale

Quale altra piattaforma di marketing ti consente di inviare istantaneamente un messaggio a migliaia di persone in tutto il mondo? Certo, i social media possono aiutarti a spargere la voce tra un pubblico globale, ma non si sa chi stia effettivamente leggendo i tuoi contenuti.

4. Facile da condividere

Gli abbonati possono inoltrare offerte brillanti ai loro amici con un clic di un pulsante. Non ci sono molti altri tipi di marketing che possono essere condivisi facilmente come questo.

5. Facile da misurare

Un altro vantaggio chiave dell'email marketing è che è facile vedere dove stai sbagliando. La maggior parte dei software di email marketing ti consentirà di monitorare i tassi di apertura, di click-through e di conversione, rendendo semplice individuare come migliorare una campagna. Anche queste modifiche possono essere apportate quasi immediatamente, mentre la pubblicità stampata o trasmessa richiede un certo sforzo per essere modificata.

6. Facile da iniziare

L'email marketing non richiede necessariamente un team enorme o un sacco di nozioni tecniche per avere successo. È certamente possibile ravvivare una campagna e-mail con modelli, video, immagini e loghi fantasiosi. Tuttavia, alcune delle campagne di maggior successo utilizzano semplici e-mail di testo normale, suggerendo che è il contenuto di un'e-mail la cosa più importante.

7. Aumentare le entrate

Marketing Week riporta che la posta elettronica genera annualmente circa £ 29 miliardi di vendite al dettaglio. L'email marketing è ottimo per trarre vantaggio dagli acquisti d'impulso. Non ci sono molte altre piattaforme di marketing che consentono ai clienti di passare dalla testimonianza di un'offerta all'acquisto di un articolo con due clic di un pulsante. Con un invitante invito all'azione e un collegamento diretto alla cassa, le newsletter via email possono aumentare le vendite come nessun altro canale.

8. Consegnare messaggi mirati

La maggior parte dei professionisti del marketing pagherebbe volentieri per assicurarsi di spendere soldi solo per indirizzare coloro che erano interessati al loro marchio. Gli e-mail marketer possono fare un ulteriore passo avanti, inviando solo e-mail agli abbonati che soddisfano determinati criteri .

Se un franchising ha un'offerta solo in alcune aree del paese, può facilmente organizzare l'invio di e-mail solo a coloro che vivono in determinate aree. In caso di vendita di articoli sportivi, è possibile concordare che solo coloro che hanno mostrato interesse per lo sport ricevano un'e-mail.

La segmentazione della lista di posta elettronica funziona in modo fantastico per i marchi che ottengono informazioni sui loro abbonati. Gli studi hanno dimostrato che i professionisti del marketing che utilizzano questa tattica spesso vantano tassi di coinvolgimento nettamente migliori. Il vecchio metodo dell' inviare la stessa email a ogni abbonato o cliente non funziona più e le aziende che ottengono i migliori risultati dal loro marketing via email stanno segmentando i dati e le campagne per assicurarsi di inviare il messaggio più rilevante agli individui.

9. Raggiungi un pubblico già registrato

L'email marketing è uno dei pochi canali che i consumatori chiedono di ricevere. La maggior parte delle aziende che utilizzano la piattaforma invia messaggi solo a coloro che si sono registrati per riceverli. Ciò può consentire tassi di conversione molto più elevati poiché un'azienda si rivolge solo a coloro che hanno già un interesse per il loro marchio.

Ovviamente è possibile inviare messaggi di email marketing non richiesti, ma è probabile che ciò possa solo infastidire i consumatori e provocare un'immagine del marchio danneggiata.

10. Bassi costi

Uno dei vantaggi più evidenti dell'email marketing è il suo costo inferiore rispetto ai canali di marketing tradizionali. Non ci sono costi di stampa o di affrancatura e nessuna commissione pagata in cambio dell'esposizione su un determinato cartellone, rivista o canale televisivo. Gli e-mail marketer potrebbero considerare di investire in software specializzati per automatizzare, monitorare e valutare le loro e-mail. Certo, potrebbe esserci un piccolo sovraccarico per l'invio di migliaia di e-mail alla volta, ma questi costi sono molto inferiori a quanto ci si aspetterebbe di pagare utilizzando altri canali di marketing.

Lo stato dell'email marketing nel 2020

L'email non è una nuova tecnologia. In effetti, è stato uno dei primissimi mezzi di comunicazione digitale ad arrivare sulla scena nel 1971. Ma a quasi

50 anni, l'email marketing è oggi più utilizzato che mai. Una delle grandi cose dell'email è la sua accessibilità.

L'email ti consente di raggiungere un'ampia gamma di segmenti di pubblico diversi, compresi quelli che non sono necessariamente a proprio agio nell'uso di Internet. Questo lo rende la forma di marketing più diffusa.

Inoltre, l'email marketing crea un'opportunità per stabilire relazioni durature con i tuoi clienti e lead.

Dai un'occhiata ad alcune di queste statistiche:

- Secondo il rapporto sulla posta in arrivo del 2018 di Fluent, l' 80% degli americani controlla la posta elettronica almeno una volta al giorno, e quasi un quarto di loro controlla la posta personale più volte al giorno.

- I consumatori che acquistano prodotti tramite posta elettronica spendono il 138% in più rispetto a coloro che non ricevono offerte tramite posta elettronica.

- L'86% dei professionisti aziendali preferisce utilizzare la posta elettronica quando comunica per scopi aziendali.

Date le cifre, non sorprende che la posta elettronica sia acclamata come il canale più efficace nel marketing B2B. Non avere una strategia di email marketing significa perdere opportunità di vendita e la possibilità di rafforzare i tuoi legami con i clienti.

Diversi tipi di email di marketing

Email promozionali

Le e-mail promozionali vengono inviate come e quando richiesto, in linea con il ritmo della tua attività. Le newsletter presentano notizie relative alla tua attività (nuovi traguardi raggiunti, nuove funzionalità del prodotto) o per evidenziare un caso d'uso del prodotto. È un modo per rimanere in prima linea nelle menti dei tuoi contatti e ispirarli a impegnarsi ulteriormente con te.

Le campagne e-mail sono più focalizzate sulle vendite e sul marketing. In genere, una campagna può consistere in 3-10 email inviate in diversi giorni o settimane. Questo tipo di e-mail viene inviato con uno scopo specifico in mente: promuovere offerte speciali, incoraggiare il download di un white paper o iscriversi a un webinar.

Email automatizzate

Le e-mail automatizzate possono farti risparmiare molto tempo e fare miracoli per aumentare le relazioni con i clienti. Un'e-mail automatizzata può essere semplice come un'e-mail di benvenuto inviata a una nuova iscrizione alla newsletter o un'e-mail personalizzata in base al comportamento del cliente o alle informazioni esistenti. La cosa fantastica delle e-mail automatiche è che nessuno ha bisogno di essere fisicamente presente per premere "invia".

La funzione di automazione della posta elettronica ti consente di impostare la posta elettronica automatica che viene inviata in risposta a un evento "trigger" specifico predefinito da te. Questo evento potrebbe essere un'iscrizione a una newsletter, un compleanno o un carrello abbandonato sul tuo sito web.

Diversi tipi di email automatiche

Scavando un po 'più a fondo nelle e-mail automatiche, ci sono due diversi tipi di cui dovresti essere a conoscenza:

E-mail di marketing automatizzate: queste sono quelle di cui abbiamo appena discusso. Il contenuto di queste e-mail è dettato dalle azioni intraprese da un contatto in relazione al tuo prodotto o servizio.

Di solito, il contatto ha già dato il proprio consenso esplicito a ricevere queste e-mail promozionali da parte tua tramite un modulo di consenso.

Email transazionali: come suggerisce il nome, vengono inviate a seguito di una transazione. Gli esempi includono conferme d'ordine, aggiornamenti sulla spedizione e promemoria di appuntamenti.

Le e-mail transazionali sono essenziali per la gestione delle relazioni con i clienti, soprattutto se sei un'azienda di e-commerce. Immagina di acquistare un prodotto online e di non ricevere alcuna conferma d'ordine: probabilmente penseresti di essere stato truffato. A causa della loro importanza, le e-mail transazionali vengono spesso inviate da un indirizzo IP diverso alle e-mail promozionali.

Best practice per l'email marketing

Ora che sai di più sui diversi tipi di email e sui loro vantaggi, è tempo di affrontare alcuni degli aspetti più importanti dell'email marketing.

I seguenti punti richiedono un'attenzione particolare da parte tua in quanto ti aiuteranno a garantire che il tuo email marketing sia fatto legalmente.

Raccogli indirizzi email legalmente

Se hai intenzione di inviare e-mail, ovviamente avrai bisogno di indirizzi e-mail. Tuttavia, il modo in cui raccogli questi indirizzi è molto importante.

Il GDPR è un regolamento nel diritto dell'UE che protegge i dati personali e la privacy dei consumatori, inclusi i loro indirizzi e-mail.

Per raccogliere legalmente gli indirizzi e-mail, è necessario mettere in atto la cosiddetta procedura di "partecipazione". Questa è una procedura mediante la quale un cliente o un lead ti dà il consenso tramite un modulo online per raccogliere e utilizzare i propri dati.

Come creare un modulo di iscrizione e-mail efficace in 5 semplici passaggi

Il modulo di iscrizione via e-mail: nessuna strategia di email marketing è completa senza uno. Se vuoi far crescere la tua mailing list (e chi no ?!), hai bisogno di un modulo convincente in tutti i posti giusti. Vuoi sfruttare al massimo questo strumento semplice ma potente? Mostriamo come.

Per prima cosa aiuta a capire perché il modulo di iscrizione è così importante. Stai solo chiedendo un indirizzo email, quindi qual è il problema? In realtà, c'è qualcosa di molto speciale negli utenti che si iscrivono tramite il tuo modulo. Queste sono persone che hanno letto i tuoi contenuti, apprezzato quello che hanno visto e vogliono più o meno lo stesso. Hanno deciso attivamente di iscriversi alla tua mailing list. Sono coinvolti e interessati a ciò che hai da dire. Questi sono esattamente il tipo di contatti che desideri. Più coinvolti significa che è più probabile che convertano e un modulo di iscrizione è il modo in cui li otterrai.

Cosa rende un buon modulo di iscrizione?

Ci sono alcune cose che un modulo di iscrizione via e-mail può e dovrebbe fare:

- Rendi il processo di registrazione il più semplice possibile: l'utente dovrebbe essere in grado di iscriversi alla tua newsletter in pochi secondi.

- Crea una prima impressione positiva del tuo marchio: un modulo poco brillante, pieno di bug o troppo complicato farà riflettere l'utente due volte prima di fornire il proprio indirizzo email.

- Fornirti informazioni sul pubblico: il modulo di registrazione può essere una buona opportunità per conoscere i tuoi iscritti e i loro interessi, ma non esagerare. Ricorda, la semplicità è la regola.

I 4 elementi cruciali di un modulo di iscrizione e-mail di successo

La creazione del modulo di iscrizione e-mail è solo una parte del processo. Per risultati ottimali, consiglio vivamente di seguire questi 4 passaggi:

- Crea il modulo utilizzando uno strumento di creazione di moduli: dovrebbe già essere fornito con il tuo software di email marketing.

- Implementa un'e-mail double opt-in: questa è un'e-mail automatica inviata ai nuovi abbonati con un collegamento per confermare il loro indirizzo e-mail. Questo è un ottimo modo per dimostrare il consenso dell'abbonato (molto importante per GDPR) e per garantire che l'indirizzo e-mail sia stato inserito correttamente.

- Posiziona il modulo di registrazione in posizioni strategiche: aggiungi il modulo al tuo sito Web o ai profili dei social media, collegalo nelle tue e-mail o aggiungilo come widget al tuo CMS utilizzando un plug-in.

- Imposta un'e-mail di benvenuto automatizzata come mezzo per salutare i nuovi abbonati e iniziare bene il rapporto.

Inserisci il contenuto e l'invito all'azione

Il tuo modulo di iscrizione è un'estensione del tuo marchio, quindi la formulazione e il tono sono fondamentali. Se il tuo sito web è formale e professionale, il modulo di registrazione dovrebbe rispecchiarlo. Se il tuo marchio generale è più spensierato, la tua forma può essere un po 'più ironica.

Un'altra cosa sul linguaggio: sii chiaro e conciso. Non lasciare assolutamente alcun dubbio all'utente su cosa dovrebbe fare dopo (inserire il proprio indirizzo email!) E dove.

Particolarmente importante è il CTA. Non limitarti a fornire al tuo pulsante un generico "Iscriviti"; parla in termini di benefici. Dì all'utente cosa può guadagnare iscrivendosi alla tua newsletter. Ad esempio: "Sì, voglio tutti gli ultimi aggiornamenti" o "Prendi il mio sconto del 10%". Molto più convincente, vero?

Scegli i campi da includere nel modulo

Quindi, pensa ai campi che desideri includere. Il campo dell'indirizzo e-mail è un must, ma potresti anche voler raccogliere un po 'più di informazioni sui tuoi nuovi iscritti aggiungendo i campi degli attributi di contatto. Cose come nome, data di nascita e posizione possono essere estremamente utili quando si tratta di personalizzare le tue e-mail e segmentare il tuo pubblico. Tuttavia, l'esperienza utente dovrebbe avere la priorità qui. Se devono inserire manualmente troppi dettagli, possono abbandonare del tutto il processo. Se decidi di aggiungere più campi, scegline solo alcuni e rendili facoltativi. In questo modo, l'utente può saltarli se lo desidera e ottieni comunque quell'importantissimo indirizzo email. Puoi sempre creare profili utente in un secondo momento: la priorità numero uno in questa fase è inserirli nella tua lista di posta elettronica.

Segmenta la tua mailing list

Man mano che la tua lista di posta elettronica si espande, è probabile che contenga diversi profili di acquirente. La **segmentazione** si riferisce alla riduzione dell'elenco e alla creazione di sotto-elenchi più piccoli di contatti che hanno qualcosa in comune.

Tra le molte diverse possibilità di segmentazione, alcuni esempi includono età, posizione geografica, punteggio lead, acquisto per la prima volta, ecc.

Ciò ti consente di continuare a proporre contenuti personalizzati e pertinenti per ogni individuo nella tua mailing list.

Ottimizza la tua delivery

La consegna delle e-mail si riferisce alla capacità di un'e-mail di atterrare nelle caselle di posta di un abbonato. È un concetto importante per gli esperti di marketing in quanto significa che le e-mail hanno raggiunto correttamente la loro destinazione, piuttosto che finire nella cartella della posta indesiderata dove è improbabile che vengano lette.

La consegna delle e-mail dipende da fattori tecnici e comportamentali. Ad esempio, la qualità delle tue e-mail influenzerà in modo significativo la consegna.

Per garantire questa qualità, ci sono una serie di best practice da seguire:

- Assicurati che l'oggetto dell'email sia privo di spam. Sapevi che determinate parole e frasi attivano i filtri antispam? Evita parole come Congratulazioni, Sconto, Affare, Raddoppia il tuo denaro...

- Mantieni aggiornato il database dei contatti in ogni momento rimuovendo utenti non coinvolti e indirizzi inattivi.

- Includi sempre un link per annullare l'iscrizione. In conformità con il GDPR, un contatto ha il diritto di stabilire come vengono utilizzati i propri dati. L'atto di annullamento dell'iscrizione rientra pienamente in tali diritti, quindi questa opzione dovrebbe essere sempre disponibile.

Scegli un design e-mail che funzioni per il tuo marchio e il tuo pubblico

Quando si tratta di email marketing, il design è importante tanto quanto il contenuto. Cattura l'attenzione dei tuoi contatti con un design e-mail che insieme al tuo brand risulta visivamente accattivante.

Ricorda: l'aspetto della tua email comunicherà un messaggio sulla tua azienda e sui suoi valori. Vale la pena dedicare del tempo. Un buon design di posta elettronica supporterà il contenuto della posta rendendolo chiaro, leggibile e strutturato. Avere una struttura che attiri naturalmente il lettore al tuo invito all'azione guiderà le conversioni.

Risparmia tempo con i modelli di email

Non è necessario chiamare un designer poiché la maggior parte delle soluzioni di email marketing oggi dispone di editor di posta elettronica incorporati di facile utilizzo.

Il mio miglior consiglio per garantire coerenza e risparmio di tempo sin dall'inizio è creare modelli di email riutilizzabili. Scegli un modello e personalizzalo in base al tuo brand. Una volta fatto, dovrai solo modificare il testo ogni volta per le tue diverse email.

9 Frasi da evitare nel corpo dell'oggetto

Niente incoraggia gli iscritti alla posta elettronica ad aprire un messaggio più di un oggetto accattivante. Questa consegna molto breve ma precisa è il primo punto di riferimento del mittente.

Se l'azienda cade a questo primissimo ostacolo, sia il loro messaggio che gli sforzi andranno sprecati: è così semplice. E allora perché, considerando l'età sia della tecnologia che del suo canale di marketing, le aziende insistono a sfornare alcune delle linee tematiche più scomode che si possano immaginare? Forse la verità più deprimente è che alcune aziende non sono nemmeno consapevoli del fatto che i loro oggetti hanno questo effetto sui loro clienti. Quindi, per evidenziare ciò che rende una consegna scadente in quest'area cruciale, ecco dieci esempi principali di atrocità per argomento.

1. "Leggimi!"

Ok, quindi è nell'interesse dell'azienda attirare i lettori, ma in realtà iniziare una riga dell'oggetto con "Leggimi!" è un modo infallibile per convincere i clienti a fare l'esatto contrario. La concorrenza nella posta in arrivo media potrebbe essere dura; ci possono essere decine di brand che cercano di attirare un paio di occhi e costringerli a indagare all'interno. Anche se detto questo, non ci sono scuse per tali atti di disperazione.

2. "Saluti, Signor X. Come stai? Vorresti scoprire cosa ci sta succedendo?"

Le righe dell'oggetto inutilmente lunghe non hanno posto nell'email marketing. È probabile che la maggior parte dei tuoi abbonati sfoglierà le proprie email e ignorerà tutto ciò che potrebbe richiedere un po' di tempo. Mantieni l'oggetto breve e succinto - tra cinque e dieci parole va bene - ricordando che non vuoi liberare subito tutta il contenuto. Essere un po' criptico con la tua consegna potrebbe incuriosire l'abbonato e indurlo a continuare a leggere.

3. "Salve, cliente fedele. Ecco la nostra ultima newsletter"

La personalizzazione è la chiave per la fedeltà dei clienti nell'email marketing e tutto inizia con l'oggetto. Le persone non si sentono desiderate quando vengono indirizzate da titoli generici: vogliono vedere il proprio nome in grassetto e digitato correttamente. Usa il tuo software di posta elettronica per inserire automaticamente i nomi dei clienti nei messaggi che ricevono. Non si sa mai, questo potrebbe persino alimentare un aumento dei tassi di apertura.

4. "Che cosa e successo questa setimana"

Una cattiva grammatica più una cattiva ortografia equivalgono a tassi di apertura errati. Ai clienti piace ricevere e-mail da figure autorevoli e marchi che sanno cosa stanno facendo. Pertanto, assicurarsi che ogni parola segua le leggi della lingua italiana è fondamentale.

5. "Ciao, Joe. Desideri nuove t-shirt, felpe e jeans? Bene, continua a leggere"

Leggere è esattamente ciò che un cliente non farà dopo aver combattuto con una riga dell'oggetto piena di punteggiatura. Come lettere maiuscole, virgole, punti e punti esclamativi non dovrebbero essere abusati e questo vale soprattutto per le righe dell'oggetto delle e-mail. Le tue frasi dovrebbero essere brevi, dirette e contenere non più di una forma di punteggiatura. La mancata osservanza di queste regole di base potrebbe interrompere il flusso delle consegne e costringere i clienti ad allontanarsi in massa.

6. "Urgente! Si prega di leggere"

Dichiarare un messaggio urgente, solo per continuare con qualsiasi altro messaggio o - peggio ancora - per bollare uno sconto del 15% come "questione urgente!" è uno dei trucchi più vecchi del mondo. L'approccio onesto è molto più efficace, per non parlare di un ritorno più gratificante.

7. "Newsletter"

Fantastico, una "Newsletter" è appena arrivata nella posta in arrivo. Sarà una rapida eliminazione da parte del cliente a causa della mancanza di dettagli sul messaggio in questione. La riga dell'oggetto dovrebbe invogliare gli utenti e fornire loro ulteriori motivi per fare clic sull'e-mail.

8. "Ecco un'esclusiva solo per TE"

Esclusivo - aggettivo, che implica la proprietà esclusiva di una persona, gruppo o area. Allora come può qualcosa che viene offerto a migliaia di utenti web essere considerato un "esclusivo"? Ancora una volta, sii onesto nel corpo dell'oggetto ed evita di mentire per amplificarne il significato.

9. "Fai clic per vincere una vacanza GRATUITA"

Chi regalerebbe mai una vacanza gratuita ad un perfetto sconosciuto? Soprattutto attraverso un'email? La risposta è chiara. Se crediamo di aver incuriosito il destinatario ci sbagliamo di grosso. Abbiamo solo strappato il biglietto (gratuito) per un rapido "viaggio" nella posta indesiderata o nel cestino.

Capitolo 7: Cos'è una Landing Page

Nel marketing digitale, una landing page è una pagina Web autonoma, creata appositamente per una campagna di marketing o pubblicitaria. È dove un visitatore "atterra" dopo aver fatto clic su un collegamento in un'e-mail o su annunci di Google, Bing, YouTube, Facebook, Instagram, Twitter o simili sul Web.

A differenza delle pagine web, che in genere hanno molti obiettivi e incoraggiano l'esplorazione, le landing pages sono progettate con un unico focus o obiettivo, noto come invito all'azione (o CTA, in breve). È questo obiettivo che rende le landing pages l'opzione migliore per aumentare i tassi di conversione delle tue campagne di marketing e ridurre i costi di acquisizione di un lead o di vendita.

Come funzionano le pagine di destinazione?

1. Una persona vede un invito all'azione e finisce su una landing page con un modulo.
2. La persona compila un modulo, che la converte da visitatore in lead.

3.   Le informazioni dai campi del modulo vengono quindi archiviate nel database dei lead.

4.   Commercializzi il contatto o il lead in base a ciò che sai su di loro.

Se utilizzi uno strumento di automazione del marketing, sarai in grado di vedere su quale offerta è stato convertito il lead, quando è stato convertito e quali altre interazioni hanno avuto sul tuo sito. Queste informazioni ti consentiranno di coltivare questo vantaggio in modo più mirato aiutandoti a decidere quali azioni di marketing sono più appropriate da intraprendere.

Il processo di conversione

Sebbene la pagina di destinazione sia il componente principale del processo di conversione, esistono più risorse che collaborano per garantire il successo della conversione.

- <u>Inviti all'azione (CTA)</u>: un CTA è un'immagine o una riga di testo che richiede ai visitatori di completare un'azione specifica. Sulle landing pages, gli inviti all'azione indicano al visitatore dove fare clic per accedere all'offerta. Gli inviti all'azione possono essere trovati sulle pagine del tuo sito Web in cui il contenuto è correlato alla tua offerta, nonché sui post del blog pertinenti che supportano il contenuto della tua offerta.

- <u>Landing page</u>: la landing page stessa ospita il modulo che un visitatore compila per accedere all'offerta. Come accennato in precedenza, il suo unico scopo è spiegare i vantaggi di una determinata offerta e incoraggiare i visitatori a convertirsi in lead. Una volta inviato il modulo, un visitatore dovrebbe essere reindirizzato a una pagina di "ringraziamento".

- <u>Pagina di ringraziamento</u>: sebbene un messaggio di ringraziamento in linea sia disponibile nella maggior parte degli strumenti, si consiglia di fornire al nuovo lead una pagina di ringraziamento dedicata. Le pagine di ringraziamento includono un pulsante "Scarica ora" su cui i nuovi lead possono fare clic per ottenere il download offerto nella landing page. Oltre a ospitare l'offerta, le pagine di ringraziamento sono un ottimo modo per continuare il processo di conversione e spostare il lead lungo la canalizzazione di marketing. Le offerte secondarie (casi di studio, consultazioni, webinar e altro) dovrebbero essere mostrate tramite un altro modulo o CTA specifici nella pagina di ringraziamento per incoraggiare il lead a decidere dove andare.

Cosa ti serve prima di creare una landing page

Prima di immergerti nella creazione della landing page, devi assicurarti di aver svolto tutte le ricerche di base necessarie per metterla insieme in modo efficace.

Per fare ciò, assicurati di coprire quanto segue prima di iniziare a lavorare sulla pagina di destinazione stessa.

The Buyer Persona(s)

I Buyer personas sono rappresentazioni semi-immaginarie dei tuoi clienti ideali. Possono essere basati su ricerche di mercato e dati attuali dei clienti. Se fatti bene, possono darti una visione chiara dei comportamenti dei tuoi clienti e di come pensano, il che ti consentirà di sviluppare i contenuti più preziosi che puoi per loro.

Quando crei la tua landing page, è importante indirizzarla solo a uno dei tuoi personaggi (se ne hai più di uno). Se provi ad adattare il contenuto della tua pagina di destinazione a più personaggi, inevitabilmente non risuonerà con tutti loro e diminuirà le probabilità di conversione. Quando scegli come target una persona, i tuoi sforzi saranno molto più concentrati e aumenteranno le tue probabilità di conversione.

L'offerta

Un'offerta è qualcosa creata per fornire valore ai visitatori del sito Web di un'organizzazione, a parte i prodotti o servizi che l'organizzazione vende. L'offerta potrebbe essere un e-book gratuito, un webinar, un foglio di suggerimenti, una guida di confronto o qualsiasi altra cosa scaricabile e informativa sul settore in cui ti trovi. Dovrebbe andare di pari passo con un particolare punto dolente che il tuo acquirente sta vivendo come così come la loro fase del viaggio dell'acquirente (spiegato di seguito).

Il viaggio dell'acquirente

Il Buyer's Journey è il processo di ricerca che un potenziale acquirente deve affrontare prima di un acquisto. Può essere suddiviso in tre diverse fasi: la fase di consapevolezza, la fase di considerazione e la fase di decisione. È necessario creare diversi tipi di contenuto per ciascuna fase specifica del viaggio per aiutare le persone a passare da una fase all'altra. I dettagli di ciascuno sono suddivisi di seguito:

- <u>Fase di consapevolezza</u>: un visitatore nella fase di consapevolezza ha espresso i sintomi di un potenziale problema o opportunità, ma non riesce a definire esattamente quale sia il problema. Una persona in questa fase sta facendo molte ricerche per comprendere i propri sintomi e definire cosa li sta causando. I contenuti per creare e indirizzare le persone in questa fase includono e-book, white paper e guide.

- <u>Fase di considerazione</u>: nella fase di considerazione, un potenziale cliente ha definito chiaramente il proprio problema o opportunità e ora desidera capire cosa può fare per risolverlo. I tipi di contenuti che dovresti creare per le persone in questa fase del Buyer's Journey includono white paper comparativi, webinar e video.

■ <u>Fase decisionale</u> (nota anche come fase dell'intento): in questa fase del funnel, il potenziale cliente conosce la strategia e l'approccio della soluzione. A questo punto, stanno facendo confronti con i fornitori e stanno cercando di restringere l'elenco dei fornitori a pochi selezionati prima di fare la loro scelta finale. Fornire loro casi di studio, demo e informazioni sui prodotti in questa fase sarebbe una decisione saggia.

Costruire una grande landing page

Una volta che hai messo in atto la ricerca di base, è il momento di mettere insieme la landing page. Tuttavia, esiste una ricetta speciale (messa insieme e perfezionata da operatori di marketing in entrata di tutto il mondo) che dovresti seguire per aumentare le tue probabilità di conversione sulla pagina di destinazione.

Best practice per la pagina di destinazione

■ **Crea un titolo accattivante**: devi sviluppare un titolo che catturi immediatamente l'attenzione del visitatore e lo invogli a continuare a leggere. È la prima cosa che vedranno quando arriveranno alla tua landing page e non vuoi che sia l'ultima.

■ **Trasmetti in modo efficiente il valore della tua offerta**: trasmettere il valore di un'offerta in modo conciso ed efficace è fondamentale per lo sviluppo della tua pagina di destinazione. Mai sentito parlare del <u>Blink Test</u>? Questo test afferma fondamentalmente che devi trasmettere il tuo messaggio e il tuo valore prima che il tuo visitatore abbia il tempo di sbattere le palpebre, il che significa che hai circa 3-5 secondi. Se non lo fai con successo, rischi di perdere quella conversione; in genere ci vuole solo un "battito di ciglia" perché qualcuno decida se vuole rimanere sulla tua pagina di destinazione o meno.

- **Includi elenchi puntati**: per qualsiasi motivo, a noi umani piace mescolare le cose e abbiamo tempi di attenzione brevi per cose come le landing page. Per mantenere il tuo lettore impegnato, evita di scrivere lunghi paragrafi sulla tua landing page. Scrivi invece un breve riepilogo dell'offerta e, sotto il riepilogo, elenca i punti di ciò che il visitatore può aspettarsi di leggere scaricando il materiale. Presentare queste informazioni come elenchi puntati manterrà il lettore impegnato e allo stesso tempo darà loro un'anteprima di ciò che verrà, il che può invogliarli a convertirsi.

- **Crea il modulo**: quando crei il modulo per la tua landing page, fai attenzione al numero di campi del modulo che stai includendo. Il numero di campi modulo che hai deve essere correlato alla fase del percorso dell'acquirente. In genere, per un pezzo di sensibilizzazione, si desidera mantenere i moduli brevi e ottenere informazioni di base come nome e indirizzo e-mail. Più in basso nell'imbuto si trovano i tuoi contenuti, più campi dovresti considerare di aggiungere man mano che i lead si avvicinano all'acquisto.

- **Rimuovi navigazione nel sito**: quando crei la tua landing page, desideri rimuovere qualsiasi opportunità per il tuo visitatore di lasciare la pagina. Rimuovendo la navigazione del sito dalla tua pagina di destinazione, consenti al tuo visitatore di concentrarsi esclusivamente sul contenuto a portata di mano, piuttosto che essere distratto da altri collegamenti allettanti sul tuo sito.

- **Inserisci immagini**: chi non ama una buona immagine? Assicurati di includere un'immagine pertinente e accattivante per attirare il visitatore. È più probabile che le persone rimangano su una pagina se è presente un'immagine accattivante.

- **Aggiungi icone di condivisione sociale**: sebbene dovresti rimuovere tutta la navigazione dalla pagina di destinazione, è importante includere icone di condivisione sociale in modo che le persone possano condividere la landing page con altri sulle loro piattaforme social. Quando si esegue questa operazione, tuttavia, assicurarsi che quando si fa clic sull'icona si apra in una nuova scheda o finestra. Non vuoi reindirizzare le persone lontano dalla pagina, ma vuoi dare loro una chiara opzione per promuoverla.

- **Fornisci testimonianze se pertinenti**: oggigiorno, le persone guardano sempre le recensioni di prodotti e servizi prima di effettuare un acquisto, e questo può applicarsi anche alle landing page. Ma non includere una testimonianza che si collega solo vagamente alla tua offerta. Assicurati che sia direttamente correlato a ciò che stai promuovendo. In caso contrario, è meglio lasciar perdere. Lo stesso consiglio vale per l'inserimento di premi e riconoscimenti sulla tua pagina.

- **Assicurati che le tue istruzioni sui passaggi successivi siano chiare**: un modulo su una landing page in genere implica che dovresti compilarlo, ma assicurati di includere una copia che lo suggerisca anche sulla tua pagina di destinazione (in genere verso la fine del tuo copy). Potrebbe essere qualcosa di semplice come "Per accedere all'e-book, compila il modulo a destra". È semplice, ma fornisce ai tuoi visitatori istruzioni chiare sui passaggi successivi, che li renderanno più propensi a convertirsi.

Suggerimenti utili

Di seguito sono riportati alcuni suggerimenti da considerare che possono fare la differenza per la tua pagina di destinazione:

I. **Revisione**: Mi auguro che questo sia un dato di fatto, ma sfortunatamente non è sempre così. Controlla tre volte tutto sulla tua landing page. Se sai di non essere bravo a modificare, chiedi a qualcun altro di farlo. È importante.

II. **Mira a mantenere la tua copia al di sopra della media**: sebbene questa non sia una regola fissa, più lungo è il testo sulla landing page, meno è probabile che sarai in grado di mantenere l'attenzione di qualcuno. Cerca di essere conciso con il tuo messaggio e di mantenere tutto in ordine.

III. **Metti alla prova la tua landing page**: di nuovo, penseresti che questo sia un dato di fatto, giusto? Non lo è. Dopo aver sviluppato un CTA che collega alla tua landing page e una pagina di ringraziamento a cui la pagina di destinazione reindirizza, prova l'intero processo. Fare clic sul CTA, compilare il modulo e scaricare l'offerta nella pagina di ringraziamento. Assicurati che tutti i passaggi siano a posto dal punto di vista dell'utente e conferma che le tue informazioni di contatto siano state archiviate nel database per assicurarti che tutto sia funzionante da una prospettiva dietro le quinte.

Suggerimenti promozionali

Il tuo lavoro non è finito una volta completata la landing page. In effetti, è appena iniziato. Hai bisogno di convincere la gente a visualizzare la pagina di destinazione - in caso contrario, qual è stato il punto di crearlo? Di seguito sono riportati i migliori consigli per promuovere la tua pagina di destinazione.

CTA: come accennato in precedenza, i CTA sono un ottimo modo per promuovere il contenuto della landing page. Più queste risorse sono coese, più è probabile che le persone si convertano. Inserisci i CTA sulle pagine del sito con molte visite pertinenti all'offerta e nei post del blog che supportano l'offerta.

Email: l'email è un ottimo modo per promuovere la tua landing page. Invia un'e-mail promozionale a un elenco mirato anziché a un intero database di posta elettronica. Più mirato è l'elenco in relazione alla tua pagina di destinazione, maggiori sono le probabilità che le persone convertano. Non sentirti in dovere di reinventare la ruota con questo; gran parte del contenuto della pagina di destinazione può essere riutilizzato in e-mail.

Social media: come probabilmente saprai, i social sono un ottimo strumento per spargere la voce sui tuoi contenuti. Tuttavia, la parola al saggio: non promuovere su tutte le piattaforme perché è quello che pensi di dover fare. Seleziona le poche piattaforme in cui conosci i tuoi personaggi e promuovi molto su quelle piattaforme. Non promuovere su una pagina Facebook solo perché lo fanno tutti gli altri: pensa se i tuoi personaggi sono utenti accaniti di Facebook. In caso contrario, dovresti probabilmente cercare altrove.

Analizzando i risultati

Una volta che la tua campagna è attiva e il traffico viene indirizzato alla pagina, è importante non solo sedersi, rilassarsi e godersi lo spettacolo. Controlla frequentemente i risultati delle tue landing pages, ma non eccessivamente. Desideri prestare attenzione alle tendenze e agli eventi significativi che si verificano in un periodo di tempo piuttosto che al traffico e alle conversioni giornaliere, che possono variare notevolmente e non ti forniscono molti dati utilizzabili e utilizzabili.

Ecco altre cose da tenere a mente quando analizzi la tua landing page.

<u>Chiediti</u>: "La mia offerta continua ad avere un buon rendimento mese dopo mese?" In caso contrario, cosa è cambiato?

Se hai molte offerte diverse con pagine di destinazione, confrontale tra loro e vedi se riesci a capire uno schema sul motivo per cui alcune hanno prestazioni migliori di altre.

Se hai una landing page che sta funzionando molto bene, promuovi nuovamente quel contenuto e vedi se puoi ottenere un aumento dei contatti da quello. Quando apporti modifiche alle tue pagine di destinazione (ad es. Copia, immagini, campi modulo), assicurati di cambiare una cosa alla volta e di provare per un po'. In questo modo puoi identificare ciò che specificamente influisce sulle prestazioni e individuarlo. Se modifichi più cose contemporaneamente, non saprai quale o quale modifica ha interessato la landing page e non sarai in grado di applicare tale conoscenza alle pagine di destinazione future.

Capitolo 8: SEO (Ottimizzazione dei motori di ricerca)

Sappiamo tutti cosa succede quando digiti una query di ricerca in un motore di ricerca e premi "invio": ottieni un elenco di risultati pertinenti al termine di ricerca.

Queste pagine dei risultati vengono visualizzate come risultato dell'ottimizzazione dei motori di ricerca (SEO). In poche parole, la SEO è un metodo per ottimizzare (migliorare l'efficacia) dei tuoi contenuti per i motori di ricerca, al fine di aiutarli a posizionarsi più in alto rispetto ai contenuti di altri siti che hanno come target gli stessi termini di ricerca.

Come funziona la SEO?

I motori di ricerca come Google e Bing utilizzano i bot per eseguire la scansione delle pagine sul Web, passando da un sito all'altro, raccogliendo informazioni su quelle pagine e inserendole in un indice. Successivamente, gli algoritmi analizzano le pagine nell'indice, tenendo conto di centinaia di fattori o segnali di ranking, per determinare l'ordine in cui le pagine dovrebbero apparire nei risultati di ricerca per una determinata query.

I fattori di ranking della ricerca possono essere considerati proxy per aspetti dell'esperienza utente. Ad esempio, la qualità dei contenuti e la ricerca di parole chiave sono fattori chiave per l'ottimizzazione dei contenuti e la scansione e l'ottimizzazione per i dispositivi mobili sono fattori importanti per l'architettura del sito.

Gli algoritmi di ricerca sono progettati per far emergere pagine pertinenti e autorevoli e fornire agli utenti un'esperienza di ricerca efficiente. L'ottimizzazione del sito e dei contenuti tenendo conto di questi fattori può aiutare le tue pagine a posizionarsi più in alto nei risultati di ricerca. A differenza degli annunci di ricerca a pagamento, non puoi pagare i motori di ricerca per ottenere classifiche di ricerca organiche più elevate.

Perché la SEO è importante per il marketing?

La SEO è una parte fondamentale del marketing digitale perché le persone conducono trilioni di ricerche ogni anno, spesso con intenti commerciali per trovare informazioni su prodotti e servizi. La ricerca è spesso la principale fonte di traffico digitale per i marchi e integra altri canali di marketing. Una maggiore visibilità e un posizionamento più alto nei risultati di ricerca rispetto alla concorrenza possono avere un impatto materiale sui profitti.

Tuttavia, i risultati della ricerca si sono evoluti negli ultimi anni per fornire agli utenti risposte e informazioni più dirette che hanno maggiori probabilità di mantenere gli utenti nella pagina dei risultati invece di indirizzarli ad altri siti web.

Di seguito sono elencati i i principali valori che Google considera per valutare se i tuoi contenuti sono interessanti:

1. **CTR** - Click Through Rate - La percentuale di clic è il rapporto tra il numero di clic su uno specifico collegamento o invito all'azione e il numero di volte che le persone sono state esposte al collegamento (ovvero il

numero di impressioni). Il CTR è una metrica importante perché ti aiuta a capire i tuoi clienti: ti dice cosa funziona (e cosa non funziona) quando cerchi di raggiungere il tuo pubblico di destinazione. Un CTR basso potrebbe indicare che stai prendendo di mira il pubblico sbagliato o che non stai parlando la loro lingua in modo abbastanza persuasivo da convincerlo a fare clic.

2. **Bounce Rate**: Un "rimbalzo" (spesso chiamato sessione di una sola pagina) si verifica quando un utente accede a una pagina del sito Web ed esce senza attivare un'altra richiesta al server di Google Analytics. "Un'altra richiesta" potrebbe includere la navigazione in altre pagine dello stesso sito o il clic su un invito all'azione (CTA) per entrare o continuare attraverso una canalizzazione di vendita.

3. **Time on page**: Il tempo sulla pagina per una pagina web è calcolato dalla differenza di tempo tra il momento in cui una persona arriva sulla pagina e quando passa a quella successiva. Fare clic su un collegamento per passare a un'altra pagina del sito Web è il trigger che determina il calcolo del tempo trascorso sulla pagina precedente. Se la persona esce dal sito Web senza passare a un'altra pagina, il tempo sulla pagina è zero.

Allora, cos'è la scrittura SEO?

La scrittura SEO, o SEO on-page, è un tipo di scrittura in cui ti concentri sulla creazione di contenuti che siano sia motori di ricerca che user-friendly. La SEO è probabilmente l'aspetto più discusso del copywriting. E per un'ottima ragione.

Per gli imprenditori che cercano un copywriter per scrivere contenuti per il proprio sito web, ciò che serve per essere "un copywriter di successo" deve, per definizione, includere il concetto di "essere bravo in SEO". Si aspettano di vedere traffico di qualità ad alto volume in arrivo al loro sito web.

Ne consegue quindi che il contenuto che un copywriter crea per un sito Web è considerato inutile se ciò non si verifica. Quando la tua reputazione è in gioco e il fallimento non è un'opzione, ci saranno sempre o copywriter pronti e disposti a "vincere" con ogni mezzo necessario, anche se ciò significa prendere scorciatoie. Truffare il sistema cercando di "ingannare" i motori di ricerca è stato etichettato come "Black Hat SEO".

Black Hat SEO

Un errore commesso da molti copywriter è concentrarsi sulla creazione di contenuti che siano compatibili con i motori di ricerca e trascurare l'esperienza dell'utente. Queste sono tecniche SEO black hat che non ti porteranno da nessuna parte. Alcune cattive pratiche SEO includono:

- <u>Parole chiave in eccesso</u>: sovraccaricare le parole chiave sulle pagine web per creare "pagine doorway" (pagine che reindirizzano i visitatori a loro insaputa). L'obiettivo è quello di "ingannare" un motore di ricerca per dare alla pagina un ranking di ricerca più elevato aumentandone la "pertinenza".

- <u>Cloaking</u>: il contenuto che il lettore vede e il contenuto dato a un bot del motore di ricerca, crawler o spider è diverso, al fine di distorcere il posizionamento nei motori di ricerca.

- <u>Acquisto di backlink</u>: Le strategie di acquisizione dei link possono portare a modi impopolari di apparire su Google e quest'ultimo ha stabilito una serie di regole che dovrebbero essere rispettate quando si esegue la manipolazione del ranking. L'elenco include l'acquisto di link a pagamento su un sito Web (creato appositamente per questo scopo) che vende link specifici (non fornendo agli utenti contenuti premium), lo scambio di link.

- <u>Testo invisibile:</u> una tecnica di spamming che rende il testo visibile agli spider dei motori di ricerca ma non ai lettori umani. Un esempio comune è rendere il testo dello stesso colore dello sfondo.

Cosa significa per i copywriter

Fino a poco tempo fa, molti copywriter utilizzavano ancora la Black Hat SEO come procedura operativa standard. Ma negli anni 2011-2013, quando Google ha iniziato a utilizzare algoritmi nuovi e migliorati in grado di riconoscere le Black Hat Strategies, era nella posizione di iniziare a vietare i siti web. La Black Hat SEO è stato totalmente screditata, il che ha portato i copywriter ad abbracciare generalmente il suo opposto.

White Hat SEO

Il White Hat SEO (il tipo buono) implica la scrittura di contenuti pensando all'utente. L'obiettivo principale della scrittura SEO è creare contenuti che non siano solo informativi ma anche progettati per essere facilmente individuabili dai motori di ricerca.

Strategie SEO White Hat

- <u>Ricerca per parole chiave:</u> cerca le parole chiave da incorporare nel tuo testo. Vai su Google per cercare parole chiave a coda lunga, utilizza uno strumento di ricerca di parole chiave per trovare quelle della concorrenza e controlla le comunità online per le frasi di uso comune. Ma lo strumento migliore è il rapporto sul rendimento in Google Search Console che elenca le parole chiave ordinate in base al numero di clic.

- <u>Contenuti di alta qualità:</u> i contenuti di lunga durata, di alta qualità e approfonditi sono molto ricompensati da Google, soprattutto se pubblicati in modo coerente sul tuo sito. I post di blog regolari che si connettono con i lettori li mantengono sul tuo sito più a lungo, il che porterà a un posizionamento migliore.

- SEO sulla pagina: assicurati che i tuoi URL siano descrittivi, ottimizza le immagini con tag alt e crea collegamenti interni tra le pagine del tuo sito web e tra le pagine web e i post del blog.

Cosa significa per i copywriter

Perché White Hat SEO è migliore per i copywriter ?

- È più sicuro: non c'è rischio che il tuo sito web venga scoperto e bandito dai motori di ricerca

- È di lunga durata: creerai contenuti preziosi e duraturi per un pubblico di destinazione, ottenendo lead autentici che possono diventare clienti continui.

Componenti chiave della scrittura SEO

Scrivere SEO non è affatto come scrivere un romanzo. Poiché questo tipo di scrittura cerca di ottenere una pagina che si colloca nei risultati di ricerca, l'autore deve assicurarsi che la scrittura abbia alcuni elementi importanti.

Ricerca per parole chiave

La ricerca per parole chiave è una disciplina mediante la quale uno scrittore SEO ricerca determinate parole che le persone cercano in relazione al tuo prodotto o servizio. Queste parole (o frasi nel caso di parole chiave a coda lunga) di solito dirigono il contenuto che creerai. Poiché la scrittura SEO riguarda più la produzione di contenuti informativi che rispondono a una domanda, utilizzerai queste parole chiave per rispondere alle domande che i tuoi lettori chiedono. Puoi anche usarli per creare guide e altri tipi di contenuti informativi.

Scrivi prima per i lettori

L'errore che fanno molti scrittori SEO alle prime armi è che scrivono prima per i motori di ricerca. Sebbene sia importante rendere i tuoi contenuti "sottoponibili a scansione", una delle cose principali che Google cerca principalmente nei contenuti è la pertinenza. Affinché il tuo contenuto sia pertinente, deve essere scritto per gli esseri umani, non per i robot di ricerca. Un altro motivo per cui la scrittura SEO deve essere focalizzata sul lettore è che gli algoritmi di Google classificano i contenuti in base all'intenzione dell'utente

.I vantaggi di scrivere per i tuoi lettori sono che ottieni molti backlink (se il tuo contenuto è buono) e condivisioni sui social media. Entrambi i fattori aiutano il tuo contenuto a posizionarsi più in alto, diventando così più individuabile.

Presta attenzione alle modifiche dell'algoritmo

Poiché gli algoritmi dei motori di ricerca sono in continua evoluzione, anche le migliori pratiche di scrittura SEO cambiano continuamente. Ciò rende obbligatorio per gli scrittori SEO aggiornare costantemente le proprie competenze. Questi sono solo alcuni dei concetti principali che sono centrali nella scrittura SEO. È un campo molto ampio che ha bisogno di più spazio di questo per essere spiegato completamente

Copywriting vs SEO Writing: l'unica grande somiglianza

Il copywriting e la scrittura SEO possono essere due discipline diverse, ma hanno un terreno comune. Oltre al fatto che entrambi richiedono una scrittura seria, hanno anche un obiettivo comune: far progredire la tua attività.

L'obiettivo principale sia del copywriting che della scrittura SEO è attrarre, coinvolgere e convertire i lead.

Ma si avvicinano a questo obiettivo da diverse angolazioni.

Diamo un'occhiata a queste differenze.

Copywriting vs SEO Writing: le principali differenze

Ora che hai un'idea di cosa sono il copywriting e la scrittura SEO, possiamo fare uno zoom sulle principali differenze. Questo ti aiuterà come marketer a sapere quale tipo di scrittura è necessaria per un particolare progetto.

Consumo

La più grande differenza tra il copywriting e la scrittura SEO è il modo in cui viene consumata la scrittura. Si potrebbe dire che entrambi i tipi di scrittura sono ottimizzati per soddisfare il lettore o il consumatore dove si trovano: la scrittura SEO li incontra su una pagina web, mentre il copywriting può incontrarli su uno spot televisivo, una pubblicità stampata o l'etichettatura del prodotto.

Naturalmente, entrambi i tipi di scrittura possono essere consumati online e, in generale, la scrittura SEO è più completa e può essere trovata in contenuti di forma più lunga come articoli e post di blog, e cerca di rispondere a una domanda che i tuoi potenziali clienti potrebbero avere. D'altra parte, quando parli del prodotto e dei suoi vantaggi, il copywriting verrà eseguito con la voce specifica del marchio che usi.

Destinatari

Un'altra grande differenza tra il copywriting e la scrittura SEO è il pubblico a cui si rivolge ogni tipo di testo. La scrittura SEO è pensata principalmente per le persone che sono in cima alla canalizzazione, coloro che stanno ancora indagando su un certo problema.

Ma questo non vuol dire che sia usato solo lì. Viene anche utilizzato a ogni altro livello dell'imbuto per attirare le persone verso i tuoi prodotti e servizi.

Il copywriting, d'altra parte, è principalmente rivolto a lead che sono già caldi e sono propensi all'acquisto o addirittura pronti a comprare.

Copywriting e SEO Writing: due facce della stessa medaglia

Una domanda che alcuni esperti di marketing pongono è quale di queste due discipline di scrittura dovrebbero usare. La risposta è entrambe le cose. Cioè, usa entrambi dove sono necessari.

Una campagna di marketing efficace ha bisogno sia di copywriting che di scrittura SEO per avere successo. Come una bicicletta, se manca una ruota, non andrai molto lontano.

Il copywriting e la scrittura SEO sono due discipline diverse fondamentali per ogni azienda. Una corretta comprensione di entrambi ti aiuterà, come marketer, a sapere come pianificare ed eseguire una strategia efficace.

Tools per la ricerca del tuo argomento

Non ha senso scrivere bene qualcosa se nessuno lo leggerà. Quindi, prima di iniziare a scrivere, devi assicurarti di affrontare un argomento scottante. La fase di ricerca è fondamentale anche per garantire che i tuoi contenuti appaiano in alto nelle pagine dei risultati del motore di ricerca. La tua strategia SEO dovrebbe incorporare parole chiave a coda lunga (termini più specifici che ricevono traffico regolare, anche se modesto) e termini più ampi a traffico elevato. Questi sono gli strumenti di copywriting che possono aiutarti a individuare argomenti virali con il potenziale per classificarsi nella prima pagina.

1. Google Trends / Adwords

<u>Google Trends</u> mostra quante volte un determinato argomento è stato "cercato su Google" negli ultimi mesi. Anche se potrebbe non sembrare eccitante, le intuizioni che questo strumento gratuito può darti sono notevoli. Nella sua pubblicazione del 2017 Everybody Lies, il sociologo Seth Stephens-Davidowitz ha evidenziato alcune delle cose che Google Trends rivela sul pubblico di Internet. Ad esempio, le persone effettuano meno ricerche con "barzellette" il lunedì, quando piove o quando è accaduto qualcosa di preoccupante nelle notizie. In altre parole, le persone cercano barzellette quando sono felici, piuttosto che quando sono tristi.

<u>Google Adwords</u> è la rete pubblicitaria che le aziende utilizzano per essere presenti nelle SERP e creare annunci. Ma, anche se non hai un'attività, puoi comunque utilizzare gli strumenti integrati della piattaforma per fare ricerche sul pubblico. A differenza di Google Trends, che mostra solo aumenti o diminuzioni relativi nelle ricerche, AdWords mostra il numero totale di ricerche per un determinato termine in qualsiasi regione.

2. BuzzSumo

BuzzSumo è una piattaforma progettata per ogni aspetto del content marketing. Mostra i contenuti più condivisi e "piaciuti" su un determinato argomento e fornisce una selezione di strumenti per la ricerca di parole chiave. Puoi anche utilizzare la piattaforma per trovare i canali, le pagine e i siti web più influenti per il tuo settore.

3. UberSuggest

UberSugges è una piattaforma SEO e di content marketing per tutti gli usi, che mostra i dati di ricerca, le classifiche SERP e altri dettagli tecnici sui siti web dei tuoi concorrenti. Tuttavia, ha anche una serie di caratteristiche interessanti che lo rendono un potente strumento di copywriting. Una delle funzioni più utili è lo strumento "Idee per le parole chiave", che fornisce suggerimenti per domande e preposizioni in base alle parole chiave.

4. Google Analytics

Google Analytics è una piattaforma di analisi gratuita che ti mostra informazioni sul tuo pubblico, come si comportano le persone sul tuo sito web e quale delle tue piattaforme di marketing ti sta guadagnando il maggior numero di visitatori. Tuttavia, mentre queste funzioni rendono Google Analytics uno degli strumenti di marketing digitale più popolari al mondo, la piattaforma ha anche caratteristiche che la rendono perfetta per la ricerca di copywriting.

Prima di tutto, il tuo testo dovrebbe riflettere il tuo pubblico. Google Analytics fornisce dati demografici dettagliati sulle persone che visitano il tuo sito, inclusi età, sesso e posizione. Scoprire che il tuo pubblico è diverso da quello che immaginavi potrebbe avere un grande impatto sul registro che adotti e sul tono che sviluppi.

5. Google Search Console

Google Search Console è un altro strumento gratuito che qualsiasi proprietario di un sito web può utilizzare per fare ricerche sul proprio pubblico. La console ti consente di monitorare le tue prestazioni sulla rete di ricerca di Google, mostrando come i tuoi contenuti si posizionano per pagina o termine di ricerca. La funzione più utile per il copywriting è la scheda "Query", che mostra i termini di ricerca che le persone inseriscono in Google per trovare il tuo sito web.

Trovando i termini che le persone usano per cercare il tuo sito web, puoi adattare i tuoi contenuti alle loro esigenze. Ad esempio, se il termine di ricerca "i migliori strumenti di copywriting" viene utilizzato frequentemente, puoi immaginare che il tuo pubblico desideri informazioni tecniche relative al copywriting professionale.

6. Checktext

Il plagio di contenuti web fa parte delle pratiche negative di chi fa il copywriter. Questo tool gratuito ti permette di controllare se quello che hai scritto è già stato pubblicato si internet. Cerca sempre di scrivere contenuti originali.

7 Ubersuggest & Answer the public

Tools utilissimi se non indispensabili per un copywriter. Ubersuggest ti aiuta nella ricerca di parole chiave e le query correlate ad un determinato argomento. Answer the public racchiude tutte le domande più ricercate su Google rispetto ad una parola chiave centrale. Se usati insieme, il successo del tuo copy è assicurato.

8. SEO Writing Assistant

È uno strumento che offre una visione ampia della qualità del tuo con contenuto (punteggio totale valutato su 10); mostra i consigli relativi alle tue parole chiave e il volume e la difficoltà di ciascuna di esse. Fidati, è il top.
La caratteristica meravigliosa di Internet è il suo infinito contenuto. Se provi a fare una semplice ricerca, ti fornirà innumerevoli strumenti che si adattano al tuo tipo di lavoro. Quelli che ti ho fornito, sono quelli che uso quotidianamente, ma non nascondo che vado in cerca di ulteriori tools per migliorare i miei testi. Prova anche tu, rimarrai impressionato.

Capitolo 9: Social Media Copywriting

I social media sono diventati uno strumento meraviglioso per raggiungere il maggior numero di clienti possibile. Quando avvii una nuova attività, probabilmente apri un profilo in tutti i principali canali social in modo che funzionino come una finestra per il tuo prodotto o servizio. Tuttavia, è difficile affrontare tutto e distinguersi. Potrebbe accadere che non raggiungi un pubblico più ampio né acquisisci nuovi potenziali clienti nonostante i tuoi sforzi. Allora, cosa sta succedendo? Come puoi creare contenuti di valore per raggiungere i tuoi obiettivi?

Il copywriting sui social media può aiutarti a trovare la strada giusta per la tua strategia di marketing.

Perché il copywriting è così importante sui social media?

Allo stesso modo in cui usi il copywriting per vendere il tuo prodotto, un buon copywriting sui social media ti aiuterà a conquistare il tuo cliente ideale:

- Per mettere mi piace o seguire la tua pagina;

- Per commentare le tue pubblicazioni;

- Per vendere il tuo prodotto, ad esempio un corso.

Puoi convincere un cliente a compiere l'azione che desideri connettendoti emotivamente con lui. Ma come si fa?

Devi differenziare la tua attività dalla concorrenza. Il tuo pubblico è probabilmente stanco di pubblicità costante e tentativi di vendita durante la navigazione sui loro account di social media.Il tuo obiettivo dovrebbe essere cercare di farli sentire unici usando il copywriting sui social media. Tratta il tuo marchio e il tuo pubblico come se fossero la stessa persona.

Ora che hai raggiunto i loro cuori. Andiamo al passaggio successivo?

NON Formula

Una delle tecniche di copywriting più popolari è la formula PAS.

Questa formula ti aiuta a creare testi per persuadere il tuo cliente ideale. È molto efficace sui social media e anche durante la composizione di e-mail.

Di cosa si tratta? L'importanza delle parole dietro questo acronimo.

- <u>Problema</u>. Quali sono le preoccupazioni del tuo pubblico? Questo è il primo passaggio, trova le esigenze del tuo pubblico.

- <u>Agita.</u> Questa è la parte più creativa, è ora di sollevare un po 'quei problemi.

- <u>Risolvi</u>. Questo è quando sveli la soluzione e dai valore al tuo prodotto.

È fondamentale comprendere e controllare il tuo pubblico e i suoi interessi affinché questa formula abbia successo.

Se il tuo pubblico non si identifica con il problema, questi tre passaggi non funzioneranno.

Formula delle 4U

Una delle chiavi per il copywriting è attenersi al punto e non girare intorno al problema. Questo è qualcosa che dovresti sempre tenere a mente quando inizi a scrivere.

Quella delle 4U è una delle formule più tipiche da applicare su testi brevi. Questo tipo di copywriting si caratterizza per essere breve e utile.

Come già specificato nel capitolo 4, questi testi devono avere tali caratteristiche:

- Utile

- Urgente

- Unico

- Ultra-specifico

Suggerimenti per scrivere sui social media con successo e non morire nel tentativo.

A questo punto, probabilmente sei consapevole che non tutto sui social media riguarda semplicemente il retweet di qualcosa e che la crescita della tua community sui social media non è un prodotto della magia. Devi affascinare il tuo pubblico con contenuti di alta qualità, dando alcuni buoni consigli. Questi sono elementi molto importanti che dovresti includere nella tua strategia di marketing.

Di seguito alcuni consigli che ti aiuteranno ad avvicinarti ai tuoi clienti:

● La condivisione è la cura.

Mantieni felice il tuo pubblico soddisfacendolo con contenuti pertinenti e utili. Non deve necessariamente riguardare problemi attuali. Tuttavia, assicurati che i tuoi contenuti non sembrino un annuncio costante che cerca di convincerli ad acquistare sul tuo sito web.

Attira più traffico sul tuo sito web o negozio online aggiungendo un link ai tuoi contenuti.

● Incuriosisci

Uno degli aspetti più importanti degli esseri umani è che continuiamo a fare domande. Se aggiungi al mix il giusto tocco, l'articolo meno rilevante sembrerà interessante se include la domanda giusta.

Una domanda ben formulata è un invito al dibattito, un invito agli utenti a rispondere e interagire. Sarà un successo garantito per un post di Facebook, un Tweet o una foto di Instagram.

● Usare storie personali

Usa una storia personale che consenta ai clienti di vedersi identificati. Normalmente le storie di sconfitte funzionano bene, ma puoi provare un altro tipo di narrativa personale.

Scrivi di un caso di successo, ad esempio uno relativo al tuo prodotto. Diventerà il miglior "invito all'azione" sul tuo canale di social media. Tutti vogliono vincere.

● L'attenzione è essenziale.

Mantieni la community che hai costruito pubblicando contenuti originali e attraenti e offrendo prodotti accattivanti, ecc. Questo dovrebbe essere un obiettivo a lungo termine.

Inoltre, se il tuo cliente ideale è in armonia con te e interagisci con lui attraverso commenti e messaggi sul tuo profilo, guadagnerai la sua fiducia e diventeranno i tuoi clienti.

Copywriting a seconda del canale di social media utilizzato

Il copywriting sui social media è un must per la tua strategia. Tuttavia, ogni piattaforma social è diversa, con i propri dettagli nascosti e pro e contro.

Sulla base di ciò, ecco alcune linee guida in modo da poter preparare un copywriting migliore a seconda del canale social in cui ti trovi:

Facebook

La piattaforma più attiva tra i tre principali canali di social media si caratterizza per avere un pubblico più aperto e social.

→ Testi brevi che possono essere letti velocemente per attirare l'attenzione.

→ Contenuti multimediali che sfruttano tutte le possibilità offerte da Facebook (video, immagini o Facebook live).

→ Link per condividere qualsiasi contenuto correlato alla tua pagina.

Twitter

Questa piattaforma è più informativa rispetto agli altri canali di social media. Il pubblico cerca l'immediatezza di Twitter per condividere e leggere le informazioni.

Come possiamo essere più produttivi su Twitter?

→ Usa un copy organizzato e pulito. Se è già difficile informare in poche parole, probabilmente non otterrai alcuna interazione se il tuo testo è denso e disordinato.

→ Gli hashtag sono i tuoi migliori alleati. Ti aiuteranno a raggiungere più persone. Usali con saggezza.

→ L'attività è importante: offri alle persone qualcosa di cui parlare e lascia che gli altri ti conoscano attraverso RT, Mi piace o menzioni nelle conversazioni.

Instagram

La fotografia è il principale mezzo di attenzione su questo canale di social media. Un'immagine di alta qualità garantisce almeno di raggiungere più utenti. Inoltre, se risveglia l'interesse, riceverai molti Mi piace.

Quali dettagli ha Instagram?

→ Messaggi chiari e concisi. Instagram è pensato per le gallerie fotografiche e il pubblico normalmente non si ferma a leggere un testo. L'unione perfetta è una foto sorprendente insieme a un semplice testo.

→ Fai attenzione aggiungendo collegamenti poiché non funzionano su Instagram.

→ L'importanza del multimediale: foto con effetto o video virali. Se hai centrato l'obiettivo con questo tipo di contenuto, hai già vinto.

<u>Conclusioni</u>

Allora cosa significa copywriting?

Nient'altro che la semplice pratica di persuadere con le parole. Ora hai completato questa guida dalla A alla Z sulla definizione e il significato di cosa sia il copywriting e su come diventarlo ben pagato, oltre a come renderlo una professione estremamente gratificante e appagante.

Pensaci: il lavoro di copywriter è aiutare a spargere la voce su idee e prodotti che risolveranno i problemi delle persone e renderanno la loro vita molto, molto migliore.

Fai attenzione, però, per fare il copywriter bisogna <u>padroneggiare la lingua italiana </u>e saperne fare un buon uso. Leggi tanto e allenati a scrivere per la maggior parte del tuo tempo libero, così vedrai i risultati. Se puoi, specializzati in un campo: lettura, apprendimento, sperimentazione saranno il tuo pane quotidiano. Ma non fare troppo affidamento su reparti specifici o tipi di comunicazione particolari: lo slogan è <u>flessibilità</u>. La <u>curiosità</u> è una qualità fondamentale. Il marketing digitale si muove alla velocità della luce, quindi devi essere consapevole delle ultime tendenze.

Spero che questo libro sull'apprendimento del copywriting ti abbia aiutato. Questo campo sembrerà molto impegnativo ma allo stesso tempo è uno dei campi più interessanti che potrebbero portarti enormi soddisfazioni. La chiave per avere successo con copywriting è imparare da quello che fai. Se leggi costantemente e continui a sviluppare le tue capacità, scoprirai che diventerai un grande copywriter. È difficile all'interno di una singolo libro darti veramente un'idea di ciò che serve per essere un copywriter, ma lo studio e l'esperienza e gli errori, faranno di te un ottimo copywriter. Il tuo obiettivo è educare un pubblico in un modo che lo persuada. Questa è l'unica differenza tra il modo in cui scrivi attualmente e il modo in cui scriverai come copywriter.

Quella del copywriter è una vocazione nobile e dovremmo tutti prendere sul serio.

Senza di noi, le idee non si diffondono, l'innovazione non progredisce, i prodotti non vengono venduti, le aziende non traggono profitto, i dipendenti non vengono assunti... Potrei andare avanti e avanti.

Il punto è che i copywriter svolgono un lavoro importante che deve essere svolto. Non siamo ingranaggi della ruota, siamo i cuscinetti a sfera che mantengono la ruota in movimento e in avanti. E per di più, è molto divertente!

Spero che questo libro ti sia piaciuto e che questo ti possa aiutare a ricevere tutti i premi e l'appagamento che una carriera di copywriting ti porterà.

Ora vai avanti e scrivi un testo fantastico che cambierà il mondo!

www.ingramcontent.com/pod-product-compliance
Lightning Source LLC
Chambersburg PA
CBHW072101150726

47999CB00005B/1821